Gottes

prophetische

Feste

Jacob Keegstra

ISBN 978-965-7542-15-6

Lay-out: Petra van der Zande

Photos: ICEJ und Internet (free domain)

Tsur Tsina Publications

Drück: PRINTIV, Jerusalem, Israel.

Mit freundlicher Unterstützung von ICEJ-Deutscher Zweig e.V.

ICEJ-Deutscher Zweig e.V.
Postfach 31 13 37, 70473 Stuttgart
Tel.: 07 11-83 88 94 80
Email: info@icej.de
www.icej.de

Inhaltsverzeichnis

VORWORT

Gott ist der Schöpfer der Zeit. Er ist der Anfang und das Ende und noch spannender ist: Noch vor dem Anfang kennt er das Ende. Als Gott die Erde erschuf, bestimmte er, dass unsere Zeit sich in Jahresabläufen wiederholen sollte. „Solange die Erde steht, soll nicht aufhören Saat und Ernte, Frost und Hitze, Sommer und Winter, Tag und Nacht." (1. Mose 8,22)

Als Gott durch das jüdische Volk der Menschheit sein Wort sandte, setzte er für jedes Jahr bestimmte Zeiten fest, zu denen er sich als der Schöpfer des Himmels und der Erde mit seinem Volk Israel treffen wollte. „Dreimal im Jahr soll alles, was männlich ist in deiner Mitte, vor dem HERRN, deinem Gott, erscheinen an der Stätte, die der HERR erwählen wird: zum Fest der ungesäuerten Brote, zum Wochenfest und zum Laubhüttenfest. Sie sollen aber nicht mit leeren Händen vor dem HERRN erscheinen." (5. Mose 16,16)

Das hebräische Wort *Mo´ed* wird gewöhnlich mit „Fest" übersetzt. Doch korrekter wiedergegeben bedeutet *Mo´ed* eigentlich eine zuvor festgesetzte Zeit für ein Treffen. Das bedeutet, dass es für jeden Juden drei nicht verhandelbare jährliche Kalendereinträge gab, Gott zu begegnen.

Jedes Mal gab es überreichlich Grund zur Danksagung, denn jede Begegnung war verknüpft mit den verschiedenen Erntezeiten. Zudem erinnerte jedes Fest Israel an wichtige Wahrheiten in Bezug auf den Charakter und die Absichten Gottes.

Während wir Christen für die Erfüllung des Passah- und Pfingstfestes im Neuen Testament dankbar sind, ist vielen von uns die prophetische Bedeutung des Laubhüttenfestes für das jüdische Volk und die Kirche nicht bewusst.

1

Einleitung

Am Anfang schuf Gott Himmel und Erde. Er ließ auch die Sonne und den Mond entstehen, um die Zeit in Jahre und Tage einzuteilen und besondere Feste zu bestimmen.[a] Auf eine Woche mit sechs Tagen folgt ein Ruhetag, auf Zeiten des Alltags folgen Festtage - so hat sich Gott den Jahreslauf seines Volkes gedacht. Mit dem regelmäßigen Feiern seiner Feste erinnert sich das Volk Israel an die Taten seines Gottes in der Vergangenheit.[b,1] So wissen wir aus dem Alten Testament, dass das Volk Gottes zwei Mal in seiner Geschichte das Laubhüttenfest gefeiert hat: ein Mal anlässlich der Einweihung des Tempels, das andere Mal nach dem Exil.[c]

Es stellt sich nun die Frage, ob sich das Feiern dieser Feste ausschließlich auf die Vergangenheit bezieht[2] oder ob damit auch auf die Zukunft verwiesen wird.[3] In der theologischen Literatur über die Zukunft gibt es viele Hinweise auf die kommende Welt, 'Olam HaBa', auf den Tag des Herrn, das Reich Gottes oder die Hochzeit des Lammes. Über die Ausrichtung der Feste auf eine zukünftige Dimension ist jedoch wenig bekannt.[4] Gibt es da überhaupt einen Bezug?

Um die Bedeutung der Feste zu verstehen, geht es zunächst darum, die Einführung und Entwicklung der Feste entsprechend den Ordnungen im Alten Testament zu untersuchen. Vor diesem Hintergrund fragen wir nach der Sicht Jesu: Wie verstand er die Feste? Dann: Wie gestalteten sie sich in der christlichen Tradition weiter? Und schließlich: Beinhalten sie etwas, das in die Zukunft weist, etwas, das erst bei der Wiederkunft des Herrn erfüllt wird, also eine prophetische Dimension?

Inwiefern ist der Aufbau der Feste ein Fingerzeig auf den letzten

---

[a] Gen 1,14   [b] Ex 34,24   [c] 1 Kön 8, Neh 8

gewaltigen Festtag seiner Erscheinung?

Unsere Zentralfrage lautet also:

Was ist die prophetische Bedeutung der Feste des Herrn?

2

Ausgangspunkte

In der Literatur über die Feste des Volkes Israel gibt es nun verschiedene Ausgangspunkte. Wir gehen . bei unserer Untersuchung davon aus, dass Gott sich in der im AT und NT beschriebenen Geschichte offenbart.[5,6] Aus diesem Grunde versuchen wir, das Wort Gottes historisch und wortwörtlich zu erklären[7] und dabei auf den Zusammenhang zwischen dem AT und NT besonders zu achten.[8]

Die Apostel verkündeten das Evangelium Jesu Christi als Erfüllung des AT.[9] Kann das AT also als Verheißung oder Weissagung charakterisiert werden?[10] Eine Weissagung ist die Verkündigung eines aktuell geschehenden Ereignisses. Sie beinhaltet aber auch eine Verheißung für die Zukunft, die von der aktuellen Anwendung nicht zu trennen ist.[11] Das prophetische Wort Gottes besitzt also Aktualität in der Geschichte Gottes mit seinem Volk und gleichzeitig eine Perspektive für die Zukunft.

Die meisten Verheißungen des AT sind im NT in der Person Christi erfüllt. Die Verheißungen aber, die sich im AT auf die Zukunft beziehen, sind im NT nicht alle erfüllt. Das NT ist das Zeugnis von Jesus. Dieses Zeugnis ist geprägt vom Geist der Weissagung[a] und enthält insofern auch eine Zukunftsdimension. Wenn das NT die Teilerfüllung der alttestamentlichen Verheißungen darstellt, dann wird auch der noch ausbleibende Teil der Verheißungen einmal erfüllt werden.[12]

Das NT nimmt die Weissagung des AT in sich auf und weist hin auf ihre Erfüllung in Christus.[13] Die Vollendung der in Christus erfüllten Wirklichkeit aber steht noch aus.[14] Es sind also drei Begriffe, die das Wort Gottes - AT und NT - charakterisieren: Verheißung, Erfüllung

---

[a] Offb 19,10

und Vollendung. [15]

Jesus ist die Erfüllung der prophetischen Hoffnung des AT. Die Vollendung wird in der Zukunft stattfinden,[b,16] aber die Ankunft Jesu ist bereits geschehen: Seine Fleischwerdung steht im Mittelpunkt des christlichen Bekenntnisses. Auf diese Fleischwerdung in der Geschichte stützt sich auch die Zukunftsorientiertheit von AT und NT. Zukunft kann demnach kein zeitloser Begriff sein, wie die Schule von K. Barth angibt.[17] Während in der theologischen Literatur im allgemeinen dem *Ort* des Heilsgeschehens große Bedeutung beigemessen wird, erhält der *Zeitablauf* wenig Aufmerksamkeit.[18]

Welche Rolle spielt die Zeit in Gottes Heilshandeln? Es gilt, dieser Frage nachzugehen, um zu einem tieferen Verständnis der gottgegebenen Festtage zu gelangen.

Zum Verständnis des NT als Erfüllung der AT-Verheißungen ist es für uns wichtig zu erkennen, dass sich die Worte Jesu in den Evangelien immer auf das AT und vor allem auf die Thora stützen.

Die Thora bildet das Herz der jüdischen Schrift.[19] Als Christen bekennen wir, dass das Wort Gottes, die ewige Thora, in Christus Fleisch geworden ist.[20] Für uns ist Jesus das Ziel, das 'Telos' der Thora. Die Thora[c] ist ein "Erzieher" bis zum Kommen Jesu.[d]

Grundlegend ist nun, wie Jesus die Thora interpretiert hat.[21] Seine Behauptung, dass nicht nur die Thora, sondern die ganze Schrift, der Tenach, die Ankündigung des Messias beinhalte, führte zu Auseinandersetzungen zwischen ihm und den Pharisäern und Sadduzäern.[e,22] Die Evangelisten schließen sich seiner Betrachtungsweise an.[f,23] Sie beschreiben die Heilsfakten aus dem AT als Beispiele, 'hupódeigma', für das, was noch kommt.[g] Nach der Ankunft Jesu ist das AT noch immer wichtig für die Gegenwart, denn "alles, was einst geschrieben worden ist, ist zu unserer Belehrung geschrieben".[h] Auch die Feste des Herrn dienen in diesem Zusammenhang als Beispiele dessen, was noch kommt.[i]

---

[b] Mk 13,30   [c] Röm 10,4   [d] Gal 3,24   [e] Jog 5,39,; Lk 24   [f] Mt 5,17, 21-48
[g] 1 Kor 10,1-11   [h] Röm 15,4   [i] Kol 2,16-17

Diese Beispielfunktion wird mit dem Begriff Typologie , 'túpos', bezeichnet, wobei die Personen aus dem AT als Prototypen für das NT dienen.[24]

Typologie ist *„eine analoge Denk- und Sprechweise, welche die Aufmerksamkeit auf zwei oder mehr Wirklichkeiten (z.B. Adam und Christus) lenkt und dadurch den Zusammenhang zwischen ihnen herstellt."*[25] Die typologische Interpretation stellt die Ereignisse des AT dar als Vorwegnahme dessen, was noch kommt.[j,26] In der Gestalt Melchisedeks des AT ist typologisch gesehen ein Hohepriester zugegen.[27] Das Opfer Isaaks ist ein Verweis auf das Opfer Christi.[k] Ein deutliches Beispiel 'erfüllter' Typologie ist die neutestamentliche Aussage: „Denn als unser Passahlamm ist Christus geopfert worden."[l]
Die typologische Auslegung stützt sich nicht auf Allegorien oder Metaphern, sondern auf historische Ereignisse, aus deren Wortwörtlichkeit die Textbedeutung entsteht.[28] Sie sucht die aktuelle Bedeutung des NT in der Heilsgeschichte Israels. Aus dem AT bezieht der neutestamentliche Verfasser seine Interpretation aktueller Ereignisse und von diesen aktuellen Ereignissen aus interpretiert er wiederum eine typologische Weissagung für die Zukunft.[29] Wie die Thora und die Propheten auf Johannes den Täufer verweisen, so ist die Geschichte Jesu eine Predigt über das Reich Gottes.[m,30] Typologie stützt sich auf die historische Übereinstimmung zwischen dem AT und den aktuellen Ereignissen.[31] Sie steht im Rahmen von Verheißung und Erfüllung, wobei Gott sein heilvolles Wirken fortsetzt in immer neuen Taten, welche die früheren übertreffen.[n,32]
Damit schließt sich diese typologische Exegese der Einteilung des Wortes Gottes in Verheißung, Erfüllung und Vollendung an.[33]
Die Regeln für die Interpretation dieser Verheißungen hängen zusammen: Neben der wortwörtlichen Auslegung steht die historische, die mit anderen Verheißungen übereinstimmt.

---

[j] Hebr. 10,1   [k] Hebr. 11,19   [l] 1 Kor 5,7   [m] Luk 16,16   [n] Eph 2,7

Dieser Sachverhalt wird das Gesetz der doppelten Verbundenheit oder des doppelten Verweises genannt.[34]

Im Hinblick auf oben stehende Ausgangspunkte können wir aus dem NT schließen, dass das Feiern der Heilsfakten in der Gegenwart sowohl eine Erinnerung ist an bereits Geschehenes als auch eine zukünftige Aussicht hat. In der Heilsgeschichte sind Geschichte und Zukunft als ein erlösendes Ereignis in zwei Teilen immer miteinander verbunden.[35] Das AT zeugt von Christus.[o] Und die Zeit Christi ist die Zeit, nach der die Propheten ausgeschaut haben.[p] Dabei ist das NT die Erfüllung dessen, was kommen musste.[q] Sowohl Propheten wie auch Evangelisten bezeugen, dass die Offenbarung Gottes in Christus gekommen sei.[r] Durch den Ausdruck: ‚damit sich erfüllte, was der Herr durch den Propheten gesagt hat', wird im NT immer eine Verbindung zu den AT-Weissagungen hergestellt.[s] Es ist Jesus selbst, der erklärt, dass die Schriften auf ihn zutreffen.[t] Er hat die Gebote des AT erfüllt und damit die Wahrheit von Gottes Taten des AT in der Gegenwart bestätigt.[u,36] Die Auslegung, die Jesus den Verheißungen des AT gibt, erhalten in der Zukunft jedoch noch eine Vollendung.[v,37] Die künftige Vollendung durch den kommenden Messias ist immer unauflöslich verbunden mit der historischen Botschaftserfüllung im NT.[38,39]
Hat Jesus also die Feste begangen, um ihre eigentliche Bestimmung zu ermöglichen?[40]

Im AT ist die Fortwirkung von Gottes Taten aus der Vergangenheit als Muster für die Gegenwart bereits bekannt: Gott wird sein Volk Schritt für Schritt erlösen.[w] Die Beziehung zwischen Gott und seinem Volk ähnelt in dieser Hinsicht einer Liebesbeziehung: Sie geht durch einen Prozess von der Verlobung bis zur Hochzeit.

---

o Joh 5,39 p Mk 13, 16-17 q 1 Petr 1,10 r Hebr 1,1 s Mat 1,23; 2,15; 17,23 ; 4,14
t Luk 4,21, Luk 24 u Hebr 2,6 v Mk 1, 14-15 w Ex 1-15

Israels Aufenthalt in der Wüste wird nicht nur als eine Vorlobungszeit zwischen Gott und Israel betrachtet.[x] Er dient gleichzeitig als eine Vorbereitungszeit für die Rückkehr zu Gott nach einer Periode des Abfalls.[41] Die Wüste ist der Ort, an dem die Grundlagen für Passah und das Wochenfest geschaffen werden. Das große Laubhüttenfest kann jedoch erst im verheißenen Land gefeiert werden.

Was für eine Bedeutung steckt hinter diesem Zeitablauf? Können die Feste auch eine typologische Ankündigung für die Zukunft sein? Hat das große Fest, das Laubhüttenfest, wegen seiner messianischen Erwartung bereits im AT einen typologischen Inhalt?[42] Wird das NT das AT hierin bestätigen?[43] Verweist das NT auf das Laubhüttenfest, bei dem Gott in der Mitte seines Volkes wohnen wird?[y] Wir vermuten, dass das Laubhüttenfest zweierlei beinhaltet: Eine Zukunftsorientiertheit des Wohnens ‚in Zelten' und ein Herbeisehnen des Messias, der kommt, um das letztendliche große Fest zu feiern.

Im christlichen Denken hat die typologische Auslegung eine Tradition entwickelt,[44] an der die Kirchenväter maßgeblich beteiligt waren.[45] So lesen wir, dass Israel als ein Typus Christi wie ein Kind aus Ägypten geführt wurde.[z,46]

Für J. Daniélou, der die Typologie stark ausgearbeitet hat,[47] existiert sogar eine Linie vom Judaismus zu den Kirchenvätern. Er stellt fest, dass die jüdische Liturgie in der Symbolik der Kirchenväter fortwirkt. Für ihn besitzt Typologie eine zweifache Deutungsweise: als Auslegung und als Anspielung. Die Auslegung werde durchaus benutzt, die Anspielung sei jedoch unbekannt. Daniélou führt dann Beispiele christologischer und sakramentaler Typologie ein: Die Opferung Isaaks als Beispiel für christologische Typologie[aa,48] und der Durchzug Israels durchs Rote Meer als Beispiel für sakramentale Typologie – also eine Typologie des Sakraments der Taufe.[bb]

Seine These lautet, dass die Sakramente ihre Grundlage in der jüdischen Liturgie haben.[49]

---

[x] Hos 2 [y] Offb 21,3 [z] Mat 2,15 [aa] Hebr 11,19 [bb] 1 Korr 10

Ähnlich diskutieren W.J. Barnard und P.van't Riet einen Zusammenhang zwischen dem Sedermahl und dem Sakrament des Heiligen Abendmahls.[50]
Auch O. Cullmann ist der Ansicht, dass die prophetische Bedeutung von Ostern in den Sakramenten zum Ausdruck gebracht wird.[51] Gottes Heilstaten sowohl im AT wie im NT wirken ihrer Ansicht nach in unserer Liturgie fort.[52]

Und laut A. Noordegraaf sei *"die Benutzung der Schrift im NT inhaltlich durch das heilshistorisch-christologisch Zeugnis in Bezug auf die Erfüllung am Ende der Tage bestimmt, während formal von Anwendung jüdischer Auslegungsregeln die Rede sei."*[53]
Die Evangelisten hielten sich vermutlich an die Auslegungsregeln des Midrash.[54] Das Erzählverfahren des Midrash ist eine übliche Auslegungsform des Tenach. Die Typologie unterscheidet sich wiederum vom rabbinischen Midrash, weil bei der typologischen Auslegung die historischen Ereignisse immer die Grundlage bleiben.

Die frühe Kirche war offenbar über die typologische Exegese im Bilde.[55] Dabei gab es einen Unterschied in der Auslegung zwischen den Alexandrischen und der Antiochischen exegetischen Schulen. Die Alexandrischen Schule mit Klemens und Origines übte die Allegorese, kannte jedoch auch die wortwörtliche Deutung. Diese Linie hat sich in der Kirche des Abendlandes, namentlich über Augustinus, fortgesetzt.[56] Die Antiochische Schule hatte vor allem die wortwörtliche Deutung, erkannte dem AT jedoch auch eine typologische Bedeutung zu. In dieser Schule war kein Platz für eine Allegorese im NT. Die griechisch-orthodoxe Kirche übernahm diese Auffassung.[57]

In den ersten Jahrhunderten der Kirchengeschichte stand die messianische Erwartung im Mittelpunkt. Der Begriff vom Reich Gottes war vor allem auf die Zukunft ausgerichtet.[58] Im Laufe der Geschichte verlor diese Dimension jedoch an Nachdrücklichkeit.[59]

Im NT kennt der Hebräerbrief eine Zukunftsorientiertheit.[cc,60] Im AT gibt es diese Ausrichtung an 35 Stellen, an denen die Erfahrungen des Gottesvolkes mit einer Pilgerfahrt verglichen werden. Die Gläubigen werden dabei aber aufgerufen, im Glauben gegenwärtig zu leben. [dd] Indem wir auf Jesus als eine sichtbare Erfüllung der AT-Verheißungen blicken, haben wir ein Bild von der Zukunftserwartung vor Augen. Die Typologie von Vergangenheit und Zukunft ist nun zu einer Typologie von Sichtbarem und Unsichtbarem umgearbeitet worden.[61] Dabei wird die eigentliche Typologie von Vergangenheit, Gegenwart und Zukunft ersetzt durch eine symbolische Typologie des Sichtbaren und dessen Bild.[62] Die Betrachtung eines himmlischen Bildes ersetzte in Folge dessen in den ersten Jahrhunderten die Zukunftserwartung. Der Einfluss des Augustinus bestärkte diese Auffassung noch mit seiner Annahme, dass das Millennium in seiner Zeit bereits angebrochen sei.

Seit Augustinus denken wir im Abendland hauptsächlich linear: von der Vergangenheit über die Gegenwart in Richtung Zukunft.[63] In seinen Schriften *Über den Lehrer* und *Vom Gottesstaat* vertritt Augustinus eine lineare Zeitauffassung, indem er sagt, dass die Weissagungen irgendwann in Erfüllung gehen.[64] Er distanziert sich dabei von den Neoplatonikern mit ihrer Geschichtsauffassung eines ewigen Kreislaufes.[65]

Dem griechischen Denken der Neoplatoniker und des Augustinus gegenüber besitzt das hebräische Denken des AT eine Konzentration auf das Zentrum des Hier und Heute.[66] Von diesem Mittelpunkt aus werden Kreise geschlagen: ein Kreis zur Vergangenheit hin, ein Kreis zur Zukunft hin und ein Kreis in Richtung eines Anfangs und eines Endes. Die Gegenwart ist die Grundlage für die Propheten, von der aus sie die Zukunft betrachten.[67]

Auch im NT ist dies zu beobachten: Jesus ist in den Mittelpunkt der Zeit gekommen.[ee]

[cc] Hebr 12, 18-24 [dd] Hebr 2 [ee] Eph 1,10, Gal 4,4

Die typologische Zeitauffassung hat dieses konzentrische Muster der Geschichte,[68] das die historische Zuverlässigkeit an die erste Stelle setzt. Im Gegensatz dazu gibt die allegorische Zeitauffassung der verborgenen Bedeutung mehr Gewicht als der wortwörtlichen Zuverlässigkeit.

Laut W. Zuidema ist ‚Zeit' in Israel keine abstrakte Größe, sondern vor allem eine Erfahrungsgröße, eine Bewusstseinskategorie: Israel war in der Lage, sich der Dinge bewusst zu werden, die in der Vergangenheit stattgefunden haben. Der Begriff der „Gleich-Zeitigkeit" spiegelt dieses Bewusstsein, das für Israel nicht nur eine individuelle, sondern auch eine gemeinschaftliche Bedeutung hat.[69] In der liturgischen Erzählung des Passahmahls beispielsweise wird die 'Wir-Form' benutzt, sodass sich jedes Geschlecht damit identifizieren kann, als sei es selbst aus Ägypten ausgezogen. Auf diese Weise bestätigt die Erinnerungsarbeit durch die Feste Gottes Taten in der Gegenwart.[70]Dabei ist die kollektive Persönlichkeit das Haupt, das das gesamte Volk in seiner Geschichte vertritt.[71]

Dieses Verständnis von Zeit als Erfahrungsgröße und der Ausgangpunkt der kollektiven Persönlichkeit wirken sich beide auf die Liturgie aus.[72] Das Judentum ordnete die Zeit nach dem wöchentlichen Sabbat und den jährlichen Feste.[73]Der Sabbat wurzelt hierbei in der geschaffenen Ordnung der Dinge.[74] Das Zählen der Tage bis zum Sabbat hat mit dieser geschaffenen Ordnung zu tun.[ff] Der Sabbat bildet dabei das Ende der Woche und ist der Ruhetag. Dem Exodus entsprechend erinnert uns das Feiern des Sabbats daran, dass Gott der Schöpfer ist und dass der Mensch ein Bedürfnis nach Ruhe und Atem hat.[gg,75] Die Typologie des Sabbats ist ein Muster für die letztendliche Ruhe.[hh,76] Im NT kehrt dies als ein Auftrag an die messianischen Juden wieder.[ii] Jesus sagt von sich, er sei gekommen, diese Ruhe zu verschaffen.[jj]

---

ff Ps 90,12 gg Ex 31,16-17 hh Jes 66,23; Ez 44,24 ii Hebr 4,9 jj Mt 11,28

16

Auch Paulus beschreibt den Sabbat als einen Schatten dessen, was kommen wird. Christus ist dabei die Wirklichkeit.[kk]
Wie wirkt sich der Sabbat als Typologie der Zeit auf die Feste aus? In Levitikus 23 wird der Sabbat als erstes Fest genannt. Die sieben Tage der Woche geben das Muster der liturgischen Woche an.[78] Ist dies ein Muster für die Einteilung der Feste, mit einem Anfang im ersten Monat und einem Abschluss im siebten Monat? Wir werden dies untersuchen.

Die Hauptbedeutung der Feste besteht darin, Feste des Herrn zu sein. Das ist das wichtigste Argument für die These, dass die Feste auf die Zukunft ausgerichtet sind. Denn es ist Gott selbst, der den Zusammenhang der Ereignisse in der Zeit herstellt; er ist derjenige, der ist, der war und der kommt.[ll] Von diesem Mittelpunkt der Gegenwart aus blicken wir auf die Vergangenheit zurück- und in die Zukunft voraus und folgen damit dem hebräischen Denken.
Im NT erkennen wir Gott als den Gott der Lebendigen.[mm] Im 'Gott Abrahams, Isaaks und Jakobs' erkennen wir die Vergangenheit von der Gegenwart aus. Auch der Name Gottes, JHWH, hebt die Gegenwart hervor: 'Ich bin, der ich bin'.[nn] Und Gottes Selbstoffenbarung 'Ich werde sein, der ich sein werde' beinhaltet Zukunftsorientiertheit.
Nicht nur bei Gott, sondern auch beim Sohn Gottes erkennen wir die Bedeutung der Zeit. Entsprechend dem Galater- und Epheserbrief kam er in die Fülle der Zeiten.[oo] Dieses 'Pleroma' bildet den Mittelpunkt der Zeiten. Jesus sagt, dass er das Alpha und das Omega ist. Damit zeigt er, dass er Anfang und Ende der Zeiten umfasst. [pp]

In der NT-Gemeinde findet sich eine Parallele dieser Zeitauffassung, und zwar bei der Feier des Heiligen Abendmahl. Hier steht das aktuelle Feiern im Mittelpunkt, wobei die Erinnerung an das, was Jesus tat, verkündet wird mit der Ausrichtung auf den Augenblick, wenn er in der Zukunft wiederkommt.[qq] Das Feiern der Heilsfakten

---

[kk] Kol 2,16,17 [ll] Offb 1,4 [mm] Mt 22,32 [nn] Ex 3,14 [oo] Gal 4,4 ; Eph 1,10
[pp] Offb 1,8, 21,6, 22,13 [qq] 1 Kor 11

Gottes ist im NT also gleichzeitig ein Gedenken und Vorausblicken.
Bei der Auslegung der Feste werden wir von diesem sowohl alt- als
auch neutestamentlichen Muster ausgehen. Zunächst ist das aktuelle
Feiern der Feste, ihre Einführung und Entwicklung zu untersuchen,
in einem zweiten Schritt dann die Fortführung der Feste und als
letztes ihre Zukunftsorientiertheit.

Nachdem dargelegt ist, dass die Feste eine prophetische Dimension
haben, stellt sich nun die Frage, wie wir uns diese Zukunft vorstellen
können.Wir wollen dabei alle Feste des Herrn auf ihre prophetische
Bedeutung hin untersuchen.
Findet sich in Aufbau und Bedeutung der Feste eine Linie hin zu
einem letzten Höhepunkt aller Feste? Und besteht dieser dann in
dem heilsgeschichtlich größten Fest: der Wiederkunft Christi und
dem Anbruch der zukünftigen Welt? Die Vollendung aller
prophetischen Verheißungen – wie wird sie aussehen?

3

Die Feste des Herrn

"Das sind die Feste des Herrn, Tage heiliger Versammlungen, die ihr zur festgesetzten Zeit ausrufen sollt".[a] Die Feste, ‚Chagiem', wurden zu von Gott festgesetzten Zeiten eingeführt. Siebenmal wird in der Thora der Auftrag erteilt, diese Feste zu begehen.[b,79] Dabei geht es vor allem um die drei großen Feste: Passah, das Wochenfest und das Laubhüttenfest.

3.1 Die Festkalender

Es ist stellt sich die Frage, ob durch die Einteilung der Feste etwas über die Einteilung der Zeit gesagt werden kann. Genauer gefragt: Lässt sich anhand der Struktur der Feiertage etwas über die Geschichte und die Zukunft aussagen? Aus diesem Grund ist zunächst zu bestimmen, wann die Feste stattfinden.
Die Feste, 'Mo'adim', werden durch die Sonnen- und Mondphasen bestimmt.[c] Die Einzahlform 'Mo'eed' bezeichnet eine bestimmte Zeit oder einen bestimmten Ort.[80] Verschiedene Bibelstellen sagen etwas darüber. Die ersten Festkalender finden sich im Buch Exodus 23 und 34, sie werden als die ältesten betrachtet[81] und als liturgische Kalender bezeichnet, weil sie etwas über die Art und Weise der Festabläufe angeben. Beide Kalender nennen dieselben Feste: das Fest der ungesäuerten Brote (Passah), das Wochenfest und das Herbstfest (Lese-Laubhütten-Fest). Es wird jedoch nicht genau angegeben, zu welchem Zeitpunkt die Feste zu feiern sind. Aus diesem Grunde geht man von einer Parallele mit dem agrarischen Leben aus.[82]

---

[a] Lev 23,4 [b] Ex 12, 13, 23, 12-19, 18-25, Lev 23, Num 28-29, Dtn 16
[c] Gen 1, 14-16

19

Die Liturgie für die Passahfeier beginnt mit der Auswahl des Lammes in der Vorbereitungszeit von vier Tagen.[d] Gott legte das Passahfest in den ersten Monat des Jahres, den Monat Abib.[e,f] Dieses Fest verweist auf die Taten Gottes bei der Befreiung seines Volkes aus Ägypten. Das hebräische Wort *pessach* stammt vom Verb *pasach*, das wortwörtlich 'vorüberschreiten', 'verschonen' oder 'über etwas hinwegspringen' bedeutet. Im Buch 1. Könige kommt eine Form von *pasach* in der Bedeutung 'hüpfen, tanzen'[g] vor und im Buch 2. Samuel in der Bedeutung 'lahmen'.[h] Passah heißt demnach 'das Fest des verschonenden Vorüberschreitens'.[83] In Exodus 12,1-13 handelt es sich um das verschonende Vorüberschreiten Gottes an seinem Volk. Im Anschluss daran wird in Exodus 12,14-20 dann der Zusammenhang aufgezeigt zwischen Passah und dem Fest der ungesäuerten Brote. In Exodus 23,15 werden beide dann als einheitliches Fest betrachtet.[i]

Vermutlich wurde das erste, vollständige Osterfest, d.h. das Passahfest zusammen mit dem Fest der ungesäuerten Brote, erst im Land Kanaan gefeiert.[84] Ex 12,29-51 zeigt, dass der Beginn des Auszugs aus Ägypten bereits in der Nacht liegt, in der Gott über sein Volk wacht. Das alljährliche Feiern des Festes macht diese Nacht für alle folgenden Generationen zu einer Nacht, in der für den Herrn gewacht wird.

Im Zentralteil über die Feste, in Levitikus 23, liegt uns dann ein Kalender vor mit genauen Angaben für die Zeitpunkte, wann die Feste zu feiern sind.[j] Zwar besitzt auch dieser Kalender einen deutlich agrarischen Zusammenhang, aber man nimmt an, dass er zur Zeit der Tempelliturgie benutzt wurde. Er gibt neben den drei bereits zuvor genannten Festen auch Hinweise auf zwei andere Feste: das Fest der Posaunen und den Versöhnungstag.

---

[d] Ex 12, 1-13 [e] Ex 12,2 [f] Ex 13,4 [g] 1 Könige 18,2 [h] 2 Samuel 4,4
[i]   [j] Lev 23

20

Die Einteilung weist eine starke Verwandtschaft mit anderen Bibelstellen auf. [a]

Im Festkalender aus Leviticus 23 werden bei jedem der fünf Feste Datum und Ordnungen kombiniert. Dabei ist die Einführung jeweils dieselbe: 'Der Herr sprach zu Mose' (Vers 1, 9, 23, 26 und 33). Dass in diesem Festkalender als erstes der Sabbat beschrieben wird, ist nicht ungebräuchlich.[b] Dass das Laubhüttenfest am Schluss 'das Fest des Herrn' genannt wird,[c] ist laut J. E. Hartley[85] eine spätere Ergänzung.[d] Es sei möglich, dass diese letzte Angabe des Festes mit der Position zu tun habe, die das Fest innerhalb der Gesamtheit der Feste im Laufe der Zeit einnehme. Dies ist jedoch kein überzeugendes Argument, da das Laubhüttenfest auch an anderen Stellen kurz ,das Fest' genannt wird.[e] Es muss vielmehr angenommen werden, dass das Laubhüttenfest sowohl wegen der Einführung wie auch der Stellung in der Geschichte als das wichtigste Fest betrachtet worden ist.

Der Festkalender aus Numeri 28-29 bietet einen Kommentar zum liturgischen Zyklus von Levitikus 23 und gibt eine Übersicht, welche Opfer zu welchem Fest darzubringen sind. Hierin besteht seine Bedeutung.

Im Hinblick auf die dargebrachten Opfer hat es in Numeri 29 den Anschein, als ob das Laubhüttenfest wichtiger als das Osterfest geworden ist. Außerdem wird das Neumondfest in die Liste der Feste aufgenommen. Die Opfer in Numeri 28-29 sind vorwiegend individuelle Opfer geworden, was auf eine spätere Entwicklung hinweisen kann. Numeri 28-29 ist als eine Ergänzung zu Levitikus und Deuteronomium 16 zu betrachten.[86] Im Gegensatz zu Deuteronomium 16,2 werden in Numeri 28-29 keine Opfer für das Osterfest erwähnt. Daher ist anzunehmen, dass das Osterfest durch spätere Entwicklungen zu einem Hausfest geworden ist und keine Tempelopfer mehr erforderte.

Der liturgische Kalender aus Deuteronomium 16 beschränkt sich auf

---

[a] Num 28,29 [b] Exodus 23 [c] Lev 23, 33, 41 [d] Lev 23, 33, 41
[e] Num 29,12; Ri 21,19 und Hos 9,5

die drei großen Feste.[87] Es handelt sich dabei um dieselben Pilgerfeste wie in den Kalendern aus Exodus 23 und 34, jedoch mit wesentlich mehr Ordnungen für Zeitpunkt und Dauer der Feste. Auch wird deutlich gemacht, dass sie dort zu feiern sind, wo Gott es wünscht.[88] Das Fest der Lese wird hier ‚Sukkot', Laubhütten, genannt. Das Osterfest erhält eine zentrale Bedeutung als Pilgerfest im Monat Abib.[89] Das Fest der ungesäuerten Brote bleibt unerwähnt, vermutlich war es Teil des Osterfestes.

Im letzten Kalender aus Ezechiel 45 werden nur zwei Feste erwähnt: das Osterfest und das Laubhüttenfest. Ihr jeweiliger Zeitpunkt im 1. Monat, bzw. im 7. Monat wird angeordnet, das Wochenfest wird nicht genannt. In den Versen 18-20 werden weitere Verordnungen für die zwei Tage der Versöhnung aufgeführt. Dieser Festkalender aus Ezechiel 45 ist noch nicht in die Praxis umgesetzt worden, er hat also prophetische Bedeutung.[90]

Welcher Kalender gibt nun die richtige Zeiteinteilung an?
Der kürzeste Kalender steht in Exodus 23,14-17: "Dreimal im Jahr sollst du mir ein Fest feiern, einen Chag". Diese drei Feste tragen die Namen: Mazzot (ungesäuerte Brote), Quasir (Ernte) und Abib (Lese). Die Lese gab es damals noch am Anfang des Jahres, im Herbst. Dagegen folgten in Exodus 34,18-23 drei Feste mit der Lese am Ende des Jahres. Der 'Anfang des Jahres' in Exodus 23,16 und das 'Ende des Jahres' in Exodus 34,22 sind äquivalente Ausdrücke, bedingt durch den benutzten Kalender.[91] So wird ein bürgerlicher Kalender mit dem Anfang im Herbst und ein sakraler Kalender mit dem Bezugspunkt im Frühling angenommen. Das bürgerliche Jahr nimmt seinen Anfang noch immer mit dem Haupt des Jahres, Rosch ha-Schana, gleichzeitig der Beginn der Herbstfeste. Mit dem Exodus gibt Gott jedoch an, dass der Beginn des sakralen Jahres seinen Anfang mit dem Exodus nimmt: "Dieser Monat soll die Reihe eurer Monate eröffnen".[a]
Auch im Talmud lesen wir, dass der 1. Nisan der Beginn der Feste

---

[a] Ex 12,2

und der 1. Tischri das Neujahrfest ist.[92] Wir nennen das Jahr ab Rosch ha-Schana das bürgerliche und das Jahr ab Passah das sakrale Jahr. Laut der Schrift hat Gott mit Passah, dem Fest der Befreiung, einen neuen Anfang mit dem sakralen Jahr gemacht.[b]

Ist in den Kalendern nun eine Weiterentwicklung zu erkennen oder ergänzen sie sich vielmehr gegenseitig? Als Argument für die These der Weiterentwicklung wird die Tatsache aufgeführt, dass in Exodus 23 und 34 der bürgerliche und erst in Levitikus 23 der sakrale Kalender benutzt wird. Das ist merkwürdig, weil bereits in Exodus 12, 2 Gott selbst den Beginn der Feste angibt, und zwar im Monat Abib, dem Frühlingsmonat. Dabei ist nicht die Rede von einer Anpassung des Festes an die Festbräuche der Nachbarvölker, auch wenn 'Abib' ein kanaanitischer Name ist. Erst später wird dieser Monat 'Nisan' genannt, der babylonischen Einteilung entsprechend.[c,93] Und - sollte Levitikus 23 jüngeren Datums sein - warum fehlt dann in diesem Text der Name des Wochenfestes?[94]

Der Kalender in Deuterononium 16,1-7 geht von der sakralen Einteilung aus und gibt drei Feste an: Mazzot (ungesäuerte Brote) im Monat Abib, Shawuot (Wochenfest) für die Ernte und Sukkot (Laubhüttenfest) für die Lese. Die Liste der Feste aus Numeri 28-29 bildet eine Hinzufügung der Opfer, die während der Feste aus Levitikus 23 darzubringen sind.[95] In Numeri 28,16 wird das Passahfest genannt, jedoch ohne Erwähnung von Opfern. In Deuteronomium 16,2 dagegen wird sehr wohl über die Opfer während des Passahfestes gesprochen. Numeri 28 unterscheidet das Passahfest deutlich von dem Fest der ungesäuerten Brote, in Ezechiel 45 werden beide als ein Ganzes betrachtet.[96] Eine Weiterentwicklung ist also in den Kalendern nicht zu erkennen. Aus diesem Grunde wollen wir die Kalender vor allem im Zusammenhang mit- und als Ergänzung zueinander betrachten.
Aufgrund der Verteilung der Feste über das ganze Jahr hat man den

---

[b] Ex 12 [c] Neh 2,1

Einfluss des Wechsels der Jahreszeiten und des Agrarlebens untersucht. Übernahm Israel diese Feste von den kanaanitischen Bräuchen oder entstanden diese Feste, weil Gott diese so verordnete? Gab es in der letztendlichen Gestaltung der Feste eine Wechselwirkung zwischen Einführung und Umgebung?

Im Hinblick auf die vielen für die Feste benutzten Namen wird für die Feste im Allgemeinen ein agrarischer Zusammenhang angenommen.[97] So wird das Wochenfest auch das ‚Erntefest` oder das ‚Fest der Erstlingsfrüchte` (von der Weizenernte) genannt. Das Laubhüttenfest ist auch ‚das Fest der Lese`.[a] Wie bereits gesagt, ist das Passahfest im Kalender manchmal mit dem Fest der ungesäuerten Brote verbunden, sodass eine Verwandtschaft mit dem Agrarleben angenommen wird. Dabei gilt als Argument der Brauch des Opfers eines einjährigen Lammes, was bei Nomaden zuhause stattfand.[98] Als Gegenargument kann gelten, dass gerade das Essen von ungesäuerten Broten etwas Spezifisches ist, das Israel seit dem Exodus verordnet bekam. Wir können folgern, dass Gott diese Feste einführte, noch vor dem Auszug aus Ägypten.[b] A. Cole nimmt an, dass beides Einfluss auf die Feste hatte, sowohl Gottes Handeln als auch das Agrarleben.[99] Die Feste bildeten vermutlich kein statisches Ganzes, sie erfuhren vielmehr eine dynamische Entwicklung. Die später in der Geschichte hinzugefügten Feste wie das Purim- und das Chanukafest bestätigen diese Dynamik. Wir werden dies untersuchen.

Das Fest der ungesäuerten Brote, das Ernte- und das Lesefest sind die drei großen Feste.[a] Sie werden auch Passah-, Wochen- und Laubhüttenfest genannt. Neben diesen gab es noch andere, aber wir beschränken uns bei unseren Untersuchungen auf diese drei großen Feste oder ‚Chagiem'.

In Levitikus 23 wird 'Chag' ausschließlich für die beiden Feste benutzt, die je 7 Tage dauern: das Fest der ungesäuerten Brote und das Laubhüttenfest.[100] ‚Chag' bedeutet ‚religiöses Festival'. Die

---

[a] Ex 34,22 [b] Ex 12, 23, 34 und Lev 23

Etymologie dieses Wortes ist unklar: Die Bedeutung entwickelte sich von 'rund', über 'kreisförmig' zu 'Tanz'. Im AT steht 'Chag' für eine festliche Versammlung. Diese setzt eine Pilgerfahrt zu einen zentralen Ort voraus.[101]

Es stellt sich nun die Frage, ab wann diese drei großen Feste als Pilgerfeste betrachtet wurden. War das schon der Fall, als das Volk in das verheißene Land einzog oder erst später?

Wir lesen, dass Elkana jedes Jahr mit seiner ganzen Familie zur Stiftshütte in Schilo hinaufzog,[b] vermutlich anlässlich des Laubhüttenfestes. Wenn dem so ist, dann haben wir hier bereits ein Pilgerfest zur Zeit der Richter. Es besteht die Annahme, dass die beiden anderen Feste erst zur Zeit des Tempels auch Pilgerfeste waren.[102] Dass das Fest der ungesäuerten Brote ein Pilgerfest war und im Tempel gefeiert wurde, ist durch mehrere Stellen belegt.[c]

Die Kalender aus Exodus 23 und 34 geben für das Fest der ungesäuerten Brote eine zentrale Feier an und verbinden es ausdrücklich mit dem Auszug aus Ägypten. Bereits zur Zeit Josuas wurde dieses Fest gefeiert, indem man das erste Getreide im Lande Kanaan aß, sodass das Fest sowohl die Eile beim Auszug aus Ägypten als auch das Essen des ersten Brotes im verheißenen Land symbolisiert.[d] Diese Deutung gibt wenig Raum für kanaanitische Einflüsse auf das Fest.

Der andere Name des Wochenfestes, nämlich ,Erntefest', lässt auf einen agrarischen Hintergrund schließen. Israel hat es trotzdem immer mit den Taten Gottes verbunden und nicht mit dem Wechsel der Jahreszeiten.[a] Die Bezeichnung ,Wochenfest' weist auf die 50 Tage nach dem Passahfest als Vollendung des Passahfestes hin. Weil dieses Fest nur einen Tag dauerte, wird angenommen, dass das Fest in der Heilsgeschichte Israels gering geachtet wurde. Erst nach dem Exil sei dieses Fest ausdrücklich mit der Gesetzgebung am Sinai im

---

[a] Ex 12, 23, 24 und Lev 23 [b] 1 Sam 1, 3,21 [c] Esra 6, Joh 11,55-57 und Mt 20,18
[d] Jos 5,11

Zusammenhang gebracht worden.[b, 103] Das Datum in Exodus 19,1 beweist jedoch bereits eine frühere Verbindung zwischen diesem Fest und der Gesetzgebung her, sodass gefolgert werden kann, dass das Wochenfest schon früh in der Geschichte für Israel wichtig gewesen ist.

Dass das Laubhüttenfest tatsächlich bereits früh in der Geschichte des Volkes ein Pilgerfest gewesen ist, zeigt schon die Bezeichnung dieses Fest als ‚Fest des Herrn',[c] ‚Fest zur Ehre des Herrn' oder lediglich ‚das Fest'.[d] Es ist das ausgelassenste aller Feste und mit den Befreiungstaten Gottes während der Wüstenwanderung verbunden.[e] Wie an der Bezeichnung ‚das Fest der Lese'[104] zu sehen ist, hat das Agrarleben auch dieses Fest beeinflusst. Es wird vermutet, dass es seinen Ursprung in einem Zeltfest hatte. Damit ergäbe sich dann eine Verbindung zur Stiftshütte, die am Anfang auch ein Zelt war. Erst im Land Kanaan ersetzte man das Zelt der Stiftshütte durch eine Laubhütte. Aber weder die ältesten Bibelabschnitte[f] noch die jüngeren Passagen[g] lassen eine Deutung des Laubhüttenfestes als Zeltfest zu. Zelt und Laubhütte sind sogar auswechselbare Begriffe.[h,105] Laut der Zusammenfassung des Gesetzes in Deuteronomium gab es alle sieben Jahre während des Festes eine Erneuerung des Bundes.[i] Es ist möglich, dass König Salomo aus diesem Grund das Fest zur Einweihung seines Tempels wählte.[j]

Nach dem Exil las Esra jedoch auch die Thora während des Festes vor. Daraus ergibt sich, dass dieses Fest durch die ganze Geschichte hindurch ein Pilgerfest gewesen ist.

---

[d] 1 Kon 8, 2,65; 12,32; Ex 45,25; Neh 8,14; 2 Chr 5,3, 7,7 unnd Joh 7,2
[e] Lev 23, 42 ff [f] Ex 34,24 [g] 2 Chr 5, Ex 45 [h] Hos 12,10 [i] Dtn 3,10-13 [j] 1 Kon 8,2

In der Geschichte Israels ist eine Entwicklung der Feste zu erkennen. In der Thora werden die Feste noch 'die Feste des Herrn' genannt.[a] Dann sagt Gott durch den Propheten Jesaja, er könne 'die Festen seines Volkes' nicht mehr ausstehen,[b] da sie inzwischen Feste seien ohne den dazugehörigen Lebensstil von Recht und Gerechtigkeit.[106] Die Geschichte zeigt an verschiedenen Stellen, dass das Volk etwas anderes tat, als was Gott ihm forderte. Der Prophet Jesaja erhielt den Auftrag, das Volk wieder zur Bekehrung aufzurufen.[107] Im NT werden die Feste nicht mehr 'die Feste des Herrn' genannt, sondern 'die Feste der Juden'.[c] Haben sie nur noch für ein einziges Volk Bedeutung? Gemäß Sacharja 14 gilt aber die Verheißung, dass das Laubhüttenfest in Zukunft von allen Völkern gefeiert werden wird.

Die Entwicklung der Feste beginnt also mit der Einführung und Verheißung durch Gott, durchläuft dann eine Entwicklung in der Geschichte durch das Volk und gelangt zur Erfüllung wiederum durch Gott am Ende der Geschichte.
Die Einteilung in Pilgerfeste und Laubhüttenfest als das große Fest zeigt ein Muster der Typologie von Zeit. Deuten die Feste damit den Lauf der Geschichte?

---

[a] Numeri 28,1 [b] Jesaja 1,14 [c] Joh 2,13, 5,1, 6,4, 7,2 11,55

3.2 Die Thora-Lesungen

Die Einteilung der Zeit nach den Festen wirkt sich auf das gesamte religiöse und soziale Leben Israels aus.[108] Die Ordnungen und Opfer für die Feste sind keine Einzelfälle, auch die Lesung der Thora ist mit der Zeiteinteilung verbunden. Die Ordnung lautete, dass die Thora alle sieben Jahre dem ganzen Volke vorzulesen sei, nach dem Brachjahr, und zwar während des Laubhüttenfestes.[a] Dass die Lesung der Thora bereits früh in der Öffentlichkeit stattfand, ist klar, aber wie sieht deren historische Entwicklung aus? In der Zeit des Esra wurde die Thora vollständig vorgelesen, und zwar ab dem 1. Tag des 7. Monats.[b] Sowohl bei Mose wie auch bei Esra gibt es einen deutlichen Zusammenhang zwischen dem Laubhüttenfest und der Thora-Lesung.

Welche Bedeutung hat die Thora dabei für dieses Fest?
Esra schrieb vor, dass die Thora am 2. und 4. Tag der Woche, den beiden Markttagen, und am Sabbat vorzulesen sei. Auch bei Josephus[109] ist die öffentliche Lesung der Thora bereits ein alter Brauch. Die Mischnah gibt an, dass gegen Ende des zweiten Jahrhunderts am Montag, Donnerstag und Sabbat Thora-Lesungen stattfanden.[110]

Auch im NT ist die Lesung der Thora obligatorisch.[c]
Im Babylonischen Talmud wird die Thora erstmals gemäß einem vorgeschriebenen Zyklus aufeinander folgender Lesungen vorgetragen.
Im Land Israel ist die Thora entsprechend dem Jerusalemer Talmud in 153, 155 oder 167 kleinere Kapitel, 'Sedarim', für einen dreijährigen Zyklus eingeteilt. Bei diesem Zyklus steht das Passah im Mittelpunkt, das auch das Herz der Thora von Exodus bis Numeri bildet.

---

[a] Dtn 31, 10-13 [b] Neh 8, 1-8 [c] Vergl 1 Tim 4,13; 1 Thess 5,27; Ko. 4,16 und Offb 1,3

28

In Babylon dagegen wurde die Thora in 54 kleinere Kapitel für einen einjährigen Zyklus unterteilt. Dieser Zyklus beginnt am Sabbat nach dem Laubhüttenfest und endet am letzten Tag dieses Festes, am 'Tag der Thora-Freude', dem 'Simchat Torah'.[112] Ab 600 nach Christus bis zum heutigen Tag ist der einjährige Zyklus die gängigste Einteilung.[113] Maimonides[114] schreibt im 12. Jahrhundert, der einjährige Zyklus werde allgemein und die dreijährige Einteilung noch manchmal benutzt. Zusammen mit einem Teil aus der Thora werde die Lesung nach der Mishnah[115] in der Synagoge mit einem Teil aus den Propheten, der 'Haftara' oder 'Vollendung', vervollständigt. Der Ursprung dieses Brauchs ist unsicher, er war aber in der Zeit des NT bereits bekannt.[a] An Feiertagen wird ein sich speziell auf dieses Fest beziehender Teil gelesen.[b] Wir werden die jeweiligen Thora-Abschnitte angeben, die bei jedem Fest gelesen werden.

Die Hinweise aus dem Talmud, die AT-Lesungen über das Jahr zu verteilen, haben für uns keine direkte Autorität, sie liefern höchstens 'circumstantial evidence'. Der Talmud gibt Aufschluss darüber, wie man in der jüdischen Tradition den Zusammenhang zwischen der Einteilung des Tenach, der Liturgie und der Jahreseinteilung gesehen hat. Die Frage, ob und aus welchem Grund die Liturgie von Israel eine eschatologische Bedeutung hat, bleibt nämlich bestehen. An und für sich ist das vollständige AT, unabhängig von welcher Einteilung und liturgischen Lesung auch immer, für Christen maßgebend. Sowohl Mose als auch Esra trugen dem Volk auf, die vollständige Thora während des Laubhüttenfestes vorzulesen. Offensichtlich gibt es einen Zusammenhang zwischen diesem Fest und der Thora. Das Laubhüttenfest wird das Fest des offenen Buches genannt.[116] Dass dieser Zusammenhang auch für die anderen Feste bestanden hat, ist anzunehmen. Wir werden untersuchen, was die Thora-Lesungen für die Feste, insbesondere das Laubhüttenfest bedeutet.

---

[a] Luk 4,17; Apg 13,15, 15,21   [b] Num 28, 16-29,39

Eine Begründung für die Wichtigkeit der Lesungen liegt in der Vermutung, dass es einen Zusammenhang gibt zwischen den Festen des Herrn und der Offenbarung Gottes.
Bilden die Feste den Kontext für die Aufzeichnung der Worte und Taten Jesu im Johannesevangelium?
In der Gliederung des Johannesevangeliums steht als erstes der Prolog,[a] dann kommt das Auftreten Jesu[b] und schließlich folgt der Tod und die Auferstehung Jesu.[c, 117]

In der Mitte des öffentlichen Auftretens Jesu steht eine Hochzeit am dritten Tag.
Steckt dahinter die Verweisung auf seine Hochzeit, die Hochzeit des Lammes laut Offenbarung?[d] Der dritte Tag ist für die jüdischen Umstehenden Jesu sowohl ein Hinweis auf den Propheten Hosea, der davon spricht, dass Gott sie richten werde, als auch auf das Zeichen des Jona.[e] Beim Passah fand die Tempelreinigung statt.[f] Wegen eines Festes ging Jesus hinauf nach Jerusalem.[g] Jesus heilt am Sabbat zweimal einen Kranken. Die Brotvermehrung der 5000 findet nahe am Fest der ungesäuerten Brote statt.[h] Dabei sagt Jesus, er sei das Brot des Lebens.[i] Das Laubhüttenfest bildet den Kontext von Johannes 7 und 8. In letzterem sagt er, dass er das Licht der Welt sei.[j] Jesus bestätigt seine Worte, indem er den Blinden heilt.[k] Und seine Aussage, er sei der gute Hirte, fällt auf dieses Fest.[l] Das Chanukka-Fest bildet den Kontext von Johannes 12, wo Jesus bestätigt, dass er der Sohn Gottes sei.[m] Die Klimax des Johannesevangeliums mit den wichtigsten Taten Jesu haben wieder die Frühjahrsfeste zum Kontext. In Johannes 12 handelt es sich um den Einzug in Jerusalem, kurz vor Passah. Auch Johannes 13,1 ist noch vor Passah. Dann folgen die Ereignisse während des Passahs, mit dem Tod Jesu. Die Auferstehung fällt auf das Fest der Erstlingsfrüchte.[n] Das Johannesevangelium endet dann mit den Ereignissen einige Tage nach der Auferstehung. Der Aufbau des Johannesevangeliums zeigt also deutlich den Kontext der Feste, in den sich die Worte Jesu einordnen.

Die wichtigsten Taten Jesu im Johannesevangelium sind alle auf Passah bezogen.

Die Apostelgeschichte nimmt dann dort seinen Anfang, wo das Johannesevangelium geendet hat, nämlich bei der Beschreibung der Himmelfahrt, gefolgt von Pfingsten. Wieder bilden die Feste den Kontext.

Im letzten Buch der Bibel bilden die Feste ebenfalls einen wesentlichen Bestandteil. Die Offenbarung bezieht sich nämlich der Struktur nach auf das Laubhüttenfest. Dieses wird gefeiert als Fest des offenen Buches, der Offenbarung von Gottes Heilsplan.[o]

Warum nun sind die Feste Gottes so wichtig, dass sogar die Folge seiner Heilstaten mit ihnen zusammenhängt? Und in welcher Verbindung steht die Einteilung des NT mit der Folge der Feste? Dies ist im folgenden zu untersuchen.

---

[a] Joh 1, 1-18 [b] Joh 1,19-12,50 [c] Joh 13,1-21,25 [d] Offb 19,7 [e] Hosea 6,2
[f] Joh 2,13 [g] Joh 5,1 [h] Joh 6,4 [i] Joh 6, 48 [j] Joh 8,12 [k] Joh 9 [l] Joh 10,11
[m] Joh 12,37 [n] Joh 20 [o] Offb 4-5

4

Die Frühjahrsfeste

Die Frühjahrsfeste fallen in den ersten Monat des sakralen Jahres. Mit dem Auszug aus Ägypten macht Gott diesen Exodus zum Beginn des sakralen Jahres: "Dieser Monat soll die Reihe eurer Monate eröffnen".ᵃ Wann ist dann der Höhepunkt: am Ende des Jahres oder in der Mitte?

Die Frühjahrsfeste bestehen aus vier Festen: Passah, Fest der ungesäuerten Brote, Fest der Erstlingsfrüchte und Wochenfest. Die ersten drei Feste werden alle in derselben Periode am Anfang des Frühjahrs begangen, das Shavuotfest dann zum Abschluss der Frühjahrsfeste 50 Tage später. Es folgen drei Herbstfeste: Neujahrsfest, Versöhnungstag und Laubhüttenfest. Sieben Feste hat Gott also für ein Jahr vorgeschrieben.

Wir werden nun untersuchen, in welchem Zusammenhang die Frühjahrs- und Herbstfeste stehen. Dabei gehen wir davon aus, dass es zwischen dem Zyklus von einer Woche und dem Zyklus von einem Jahr eine Parallele gibt, insofern nämlichₛ, als der Sabbat eine Typologie der Zeit beinhaltet. Das heißt: So wie die Woche mit dem ersten Tag beginnt und ihren Höhepunkt am siebten Tag, dem Sabbat hat, so nehmen die Feste mit den Frühjahrsfesten im ersten Monat ihren Anfang und haben in den Festen des siebten Monats, den Herbstfesten, ihren Höhepunkt.

4.1 Das Passahfest

Passah ist ein umfassendes Fest. Historisch betrachtet bezeichnet Passah den Übergang beim Exodus von der Gebundenheit zur Freiheit. Passah ist außerdem das erste Fest im Frühjahr und markiert den Übergang von Winter zu Sommer. Es existieren viele Bibelabschnitte über Passah im AT[b] und NT.[c]

Das erste Passahfest im AT ist der historische Auszug aus Ägypten mit dem Beginn der Wüstenreise ins verheißene Land.[d] Das zweite Passahfest wurde bei der Errichtung des Offenbarungszeltes, der Stiftshütte, in der Wüste gefeiert.[e] Am Ende der Wüstenreise, beim Einzug ins verheißene Land, wurde unter Josua ein Passahfest im ersten Monat gefeiert.[f] König Hiskija feierte im zweiten Monat ein Passahfest.[g] Während der Regierung des Königs Joschija wurde das Passahfest in großem Stil begangen.[h] Nach dem Exil wird in der Vision des Ezechiel das künftige Passahfest ohne Passahlamm gesehen.[i] Nach dem Auszug wurde unter Esra das Passahfest wieder eingeführt.[j]

Seit der Tempelzerstörung werden keine Lämmer mehr geopfert und das Passahfest wird vorwiegend zuhause mit einem Sedermahl als Höhepunkt gefeiert. Das religiöse Leben wirkt sich also auf die Entwicklung der Festliturgie aus. Das Sedermahl darf erst am Abend gegessen werden. Dabei werden vier Becher Wein analog zu vier Worten der Befreiung getrunken: Herausführung, Rettung, Erlösung und Annahme.[k]

---

[a] Ex 12,2 [b] Ex 12,1-13, 21-29; Lev 23, 4-5; Num 28,16, 33,3; Dtn 16, 1-8
[c] Mt 26, 1-2, 17-75, 27, 1-66, Mc 14-15, Lc 22-23, Joh 18-19, Hebr 11,28 [d]
[e] Num 9,15 [f] Jos 5,10-11, [g] 2 Chron 30; Num 9, 6-19 [h] 2 Kon 23,21-23; 2 Chron 35,
18-19 [i] Ex 45, 21 [j] Esra 6,19 [k] Ex 6,6-7

Die vier Becher haben folgende Namen: Kiddusch (Heiligung), Makot (Plagen), G'eoela (Erlösung) und Hallel (Lobpreisung). Zum Schluss des Sedermahls wird das Hallel-Gebet gesungen.[a, 118] Manchmal gibt es noch einen fünften Becher, den Elia-Becher mit der Bedeutung ,Hoffnung auf noch viel mehr'.[b] Dieser letzte Becher wird nicht ausgetrunken.[119] Er ist ein Zeichen dafür, dass die Befreiung aus Ägypten nur ein Vorbote der messianischen Erlösung ist. Damit ist er also auf die Zukunft ausgerichtet. Der fünfte Becher und der Wunsch zum Schluss des Sedermahls, das Fest nächstes Jahr in Jerusalem zu feiern, verstärken die messianische Seite der Erlösung. Die Befreiung aus Ägypten ist ein Hinweis auf die messianische Erlösung.[s] Die Rabbiner glauben, dass der Herold des Messias in der Passahnacht kommen wird.[c]

Passah zeigt, dass Gott sowohl Befreier und Löser als auch Bräutigam ist. Bevor Gott sein Volk aus Ägypten befreit, teilt er Mose seine Heiratspläne mit seinem Volk mit.[d] Gott ist derjenige, der sein Volk annimmt. Dieses (An-)Nehmen, ,lakach', ist ein Ausdruck für heiraten. Gott hat seine Braut aus Ägypten befreit, um mit ihr beim Sinai eine Ehe, einen Bund einzugehen. Die Thora ist bei diesem Bundesschluss der Ehevertrag.[120] Die Wüstenreise symbolisiert die Brautzeit.[e] Hat diese Reise den Sinn, das Laubhüttenfest kennenzulernen, auf dem Weg ins verheißene Land und ins Reich Gottes?[121] Vor Antritt der Wüstenreise - noch während des Passahfestes - wird die Buchrolle 'Hohelied' gelesen, als Zeichen der leidenschaftlichen Liebe Gottes zu seinem Volk.

Das erste Passah wurde gefeiert, ehe die Erlösung des Volkes Realität wurde. Passah ist und bleibt also ein Glaubensfest. Es wird gedacht an den Auszug aus Ägypten, aber in Vorausschau auf die letztendliche messianische Erlösung. Immer bleibt also die Zukunft mit dem geschichtlichen Gedenken verbunden.

---

[a] Ps 113-118 [b] Ex 6,7 [c] Hag 2,6 [d] Ex 6, 2-9 [e] Jer 2,2

Und wieder ist zu sehen, dass die Gegenwart im Mittelpunkt steht mit einem umgebenden Kreis, der in Richtung Vergangenheit und Zukunft zeigt. Passah ist das erste wichtige Pilgerfest für das Volk. Dementsprechend lebt es diesem Fest entgegen. Bereits fünf Wochen vorher wird man durch die Thora-Lesungen darauf vorbereitet. Am fünften Sabbat, am 'Sabbat HaGadol', finden Lesungen über das Einhalten des Sabbat-Gebotes und über Elia als dem Vorboten des Messias statt,[a] der vor dem großen Tag des Ewigen kommt. Damit wird die eschatologische Dimension des Passahfestes betont.

Im NT finden sich etliche Bezugspunkte zwischen Passah und Jesus.[b] Sowohl Matthäus als auch Markus und Lukas beschreiben das letzte Abendmahl als ein Sedermahl, den Anfang des Passahfestes.[122] Matthäus verbindet das Fest mit der Kreuzigung des Menschensohnes.[c, 123,124] Matthäus und Markus geben an, dass der Tod Jesu die Verwirklichung von Gottes Plan und die Erfüllung der Schriften sei.[d,125] Im Lukasevangelium wird die zukünftige Verbindung stärker betont[e] als die kultische.[f,126] Das Johannesevangelium beinhaltet die Abschiedsrede,[g] die Jesus während des Sedermahls hält.[127] Johannes hält daran fest, dass das Sedermahl auch das Ostermahl des Messias ist; denn der Messias sei das Passahlamm.[128] Gleich am Anfang führt Johannes der Täufer das Opferlamm, Jesus, ein: 'Seht, das Lamm Gottes, das die Sünde der Welt hinwegnimmt'.[h] Dieses wurde bereits in Jesaja 53 angekündigt.[129]

---

[a] Mal 3,4-4,6 [b] <at 26-27; Mk 14-15; Lk 22-23; Joh 13-19; Hebr 11,28
[c] Mt 26, 1-2 [d] Mt 26 und Mk 14, 18-21 [e] Lk 22; Jer 31, 31-34 [f] Ex 24, 8
[g] Joh 14-16 [h] Joh 1,29

Neu ist, dass Jesus dieses Opferlamm ist, dessen Tod die Sünden dieser Welt sühnt.[a]

Zur Zeit Jesu wählte der Hohepriester am 10. Nisan an einem Ort außerhalb Jerusalems das Opferlamm aus. Dieses Lamm wurde dann von einem Priester in die Stadt geführt und das Volk sang Psalm 118 mit dem Schluss: „Gesegnet sei er, der kommt im Namen des Herrn." Das Lamm wurde zum Tempel gebracht, um dort geprüft zu werden. Jesus identifizierte sich mit dem Opferlamm.[b] Er ritt am 10. Nisan, am Palmsonntag, auf einem Esel (wie ein König) in die Stadt Jerusalem, vermutlich direkt hinter dem traditionellen Umzug her. Dass das Volk danach die prophetische Erwartung des Messias mit Jesus in Zusammenhang brachte, ist bedeutungsvoll. Offensichtlich sah es in der Erfüllung eines alttestamentlichen Rituals einen Grund, an den Messias zu denken. Es war der Wunsch des Volkes, dass der Messias sich unmittelbar auf den Thron Davids setzte und es von den Römern befreite.

Diese letzte Erwartung hat Jesus bei seinem ersten Kommen nur zum Teil erfüllt. Zunächst reinigte er den Tempel, um das Fest der ungesäuerten Brote feiern zu können, wie Gott es wollte. Die Oberpriester nahmen ihm dieses Verhalten übel. Daraufhin führte Jesus Psalm 8 an, in dem steht, dass sich Gott sogar aus dem Mund der Kinder und Säuglinge Lob schafft. Jesus bezieht also den messianischen Psalm 8 auf seine eigene Lage. Psalm 8 beginnt und endet im Lobpreis Gottes. Im Mittelpunkt steht der Mensch, den Gott trotz allem zur Herrlichkeit führen wird. Psalm 8 wird im NT ebenfalls in Bezug auf die Lage Jesu erklärt.[c] So sehen wir, dass ein messianischer Psalm aus dem AT in Jesus aktualisiert wird. Psalm 8 hat damit eine erste Erfüllung in Jesus erhalten. Seine endgültige Erfüllung wird bei der Wiederkunft des Messias erwartet, wenn wir mit ihm über die Schöpfung regieren und herrschen.

---

[a] 1 Kor 5,7 [b] Joh 12,9-19 [c] Hebr 2

Palmsonntag nimmt die endgültige Erfüllung und Vollendung im großen Fest vorweg.[131] Er weist dementsprechend die Einteilung in Verheißung, Erfüllung und Vollendung auf.[s]

Da sich Jesus mit dem Passahlamm identifizierte, musste er auch alle damit verbundenen Forderungen erfüllen. Denn nicht das makellose Lamm bringt Sühne, sondern das geschlachtete makellose Lamm. Dieses musste am Abend des 14. Nisan in Anwesenheit des ganzen Volkes geschlachtet werden. So war auch das ganze Volk bei der Kreuzigung Jesu anwesend, sowohl die Führer des Volkes als auch die Einwohner von Jerusalem und die Besucher des Passahfestes. Als Jesus ausrief: "Es ist vollbracht", wies er hin auf die Bedeutung des wirklichen Abschlusses.[a] Der Hohepriester pflegte nämlich diese Worte beim Passahfest nach dem Abendopfer auszusprechen, zum Zeichen dafür, dass das Opfer angenommen und die Sünden vergeben worden sind. Zum Zeichen des wirklichen Abschlusses und der endgültigen Erlösung musste auch Jesus diese Worte ausrufen.

Die Feier des heiligen Abendmahls beinhaltet das Gedenken und das Vorausblicken auf die Tage des Messias nach 1. Kor 11,26. Wir feiern das heilige Abendmahl, bis er kommt. Dieses prophetische Element im Opfer Jesu, des Passahlammes, macht das Fest im christlichen Glauben zu einem Zeichen der Hoffnung ist, das auf die Zukunft ausgerichtet ist. Diese Zukunftsorientiertheit wird bereits vor Ostern am Palmsonntag in folgende Worte gefasst: "Hosanna, gesegnet sei er, der kommt im Namen des Herrn".[b]

---

[a] Joh 19,30 [b] Mt 21,9

Wie bereits oben erwähnt, hat beim Passah alles mit Befreiung zu tun.[a] Diese Befreiung kennt drei Dimensionen: Befreiung von der Sklaverei, die Erlösung aus Ägypten und die Absonderung zu Diensten Gottes. Passah beinhaltet eine Nacht der Wache, in der die Erwartung der Befreiung bis zum Morgen durchgehalten wird. Nach dem Durchzug des Volks durch das Schilfmeer erteilt Gott den Auftrag, das Fest der Erstlingsfrüchte zu feiern. Es durfte zwar erst 40 Jahre später im verheißenen Land zum ersten Mal gefeiert werden, wurde aber bereits beim Auszug angekündigt als Vorausblick in das verheißene Land.

4.2 Das Fest der ungesäuerten Brote

Passah wird nur einen Tag lang gefeiert. Dann folgt das Fest der ungesäuerten Brote, 'Chag HaMatzah', das sieben Tage dauert.[b] Das Wort 'Chag' wird ausschließlich für ein Fest benutzt, das sieben Tage dauert, wie das Fest der ungesäuerten Brote und das Laubhüttenfest. Dieses Fest der ungesäuerten Brote kommt im AT[c] und im NT oft vor.[d]

Es nimmt seinen Anfang am Abend des 14. Nisan und dauert bis zum 21. Nisan. In Levitikus 23 steht, dass es am 15. Nisan anfängt, vermutlich wegen der hebräischen Zählung von Abend zu Abend. Demnach wird der Abend des 14. Nisan zum 15. Nisan. Zum Zeichen der Vollständigkeit dauert das Fest sieben Tage.[e] Es beginnt wie jedes Fest mit einem Sabbat. Das bedeutet, dass auch in der Osterwoche ein normaler Sabbat gehalten wird. Während dieser sieben Festtage wird ungesäuertes Brot gegessen. Die Bedeutung von ungesäuertem Brot, ‚Mazzot', besteht in der Heiligung oder Absonderung für den Herrn. Mit dem Exodus wurde eine vollständige Trennung von der Nahrung Ägyptens vollzogen.

---

[a] Ex 11-13 [b] Ex 23, 14-15 [c] Ex 12,8, 15-20, 331-39, 13, 3-10; Dtn 16, 1-8; Num 28, 17-25; Lev 23, 6-8 [d] Mt 26, 17-19; Mk 14, 12-21; Lk 22,1-2; 1 Kor 5,6-8
[e] Ex 12, 15-19

Ungesäuerte Brote wurden in Israel auch bei der Weihe von Priestern benutzt.[f] Ferner dienten sie als Nahrung für die Priester beim Nasiräergelübde,[g] bei den Mehlopfern und beim Heilsopfer. [h]

Das Fest der ungesäuerten Brote wird im NT auch von Jesus gefeiert.[132] Er reinigte den Tempel als Vorbereitung auf Passah und das Fest der ungesäuerten Brote.[i] Erst danach konnte er das Fest feiern, wie Gott es wollte.[j] Aber Jesus feierte nicht nur dieses Fest, er war selbst das lebendige Brot, das vom Himmel herabgekommen ist, das Manna, das ungesäuerte Brot. Paulus schreibt: "Christus, unser Passahlamm, ist geopfert worden. Lasst uns das Fest feiern mit ungesäuerten Broten der Aufrichtigkeit und Wahrheit." [k,133]
Das Fest verweist auf das Sakrament des heiligen Abendmahls.[134] In Heiligkeit und Wahrheit kann es erst dann gefeiert werden, wenn der alte Sauerteig aus unserem Leben entfernt worden ist.

---

[f] Lev 8, 2,26; Ex 29, 2;23 [g] Num 6,1-12 [h] Lev 2,4-5; 6, 14-18; 7, 11-13
[i] Joh 2,12; Mk 11,15 [j] Jes 1, 14 ff [k] 1 Kor 5, 7-8

4.3 Das Fest der Erstlinge

Das Fest der Erstlinge, 'Yom Habikkurim', vervollständigt das Passahfest und das Fest der ungesäuerten Brote. Es wurde erst im verheißenen Land 40 Jahre nach dem Auszug gefeiert. [a]

Israel war mit dem Gedanken vom Erstling, 'Begoor', vertraut.[135] Die Erstgeborenen von Mensch und Tier wurden dem Herrn geweiht.[b] Beim Passahfest sind es die Erstlingsfrüchte der Ernte, 'Bikkurim', die dem Herrn heilig sind und ihm dargeboten werden.[c] Der Priester schwengte am Tage nach dem Sabbat eine Erstlingsgarbe des Feldes - Weizen und Gerste - vor dem Angesicht Gottes hin und her. Erst nach diesem Opferritual war es erlaubt, die Erstlingsernte zu essen. Sie verkörpert den Vorboten der kommenden Ernte. Die frühe Ernte des Erstlingsfestes, die Gerstenernte, und die Ernte des Wochenfestes, die Weizenernte, kündigen beide die spätere große Ernte zum Laubhüttenfest an. Dass Gott durch seine Treue die frühe Ernte geschenkt hat, gibt Hoffnung auf eine reiche spätere Ernte.[136] Die Danksagung gegenüber Gott bei diesem Fest verleiht Glauben an seine Versorgung mit allem, was in Zukunft nötig sein wird.

Mit dem Fest der Erstlinge beginnt für Israel auch die Omerzählung.[137] 50 Tage sind es vom Fest der Erstlinge bis zum Wochenfest, ‚Shawuot'.[d] Wie die Erstlinge ein Versprechen dessen enthalten, was kommt, so ist die Omerzählung eine Zeit des Erwartens. Nicht nur die frühe Ernte, sondern auch der Tag der Befreiung wird herbeigesehnt. Die Zahl 50 symbolisiert Freiheit und Befreiung.[e] Darum wurde das Jubeljahr, das Jahr der Befreiung und Freiheit, alle 50 Jahre gefeiert.[f] Beim Zählen der Omer-Zeit, der 50 Tage, wird manchmal Psalm 67 angeführt, weil er aus sieben Versen und 49 Worten besteht.

---

[a] Lev 23,9-14; 1 Kor 15, 20-23 [b] Ex 13,2 [c] Dtn 26, 1-11; 18, 3-5; Lev 19, 23-25; Neh 10, 34-39 [d] Lev 23, 15 [e] Gen 6,15; 1 Kon 18, 4; 2 Kon 2,7; lev 27,1-5; Mk 6,40; Lk 9,14 [f] Lev 25, 8-17

Bei dieser Omerzählung gibt es zwei Verfahren. Das sadduzäische Verfahren geht von dem Tag nach dem Sabbat als Beginn der Omerzählung aus. Beim rabbinischen Verfahren, das zur Zeit gilt, zählt der Tag nach Passah - auch ein Sabbat - als Beginn der Omerzählung.

Im NT ist Christus sowohl der Herr der Ernte als auch selbst die Garbe der Erstlinge.[a] Das Fest der Erstlinge am 17. Nisan fällt mit der Auferstehung Christi zusammen als dem Erstling der von den Toten Auferstehenden. In Bezug darauf bekundet das Fest der Erstlinge vor allem die Schuldlosigkeit Christi in seinem Opfer für Gott.[5] In diesem Opfer ist Christus zu Passah gegenwärtig als das Lamm, das Zeichen seines Todes, und ebenso gegenwärtig auch zum Erstlingsfest als die Garbe der Erstlinge, das Zeichen seiner Auferstehung.

4.4 Das Wochenfest

Das Wochenfest, 'Shawuot', bildet 50 Tage nach Passah die Schlussfeier der Frühjahrsfeste.[b] Im NT begegnen wir dem Wochenfest als dem Pfingstfest.[c]

Dachte Gott an dieses Wochenfest, als er Mose mitteilte, dass der Pharao das Volk ziehen lassen solle, damit sie in der Wüste für Gott ein Fest feiern könnten? [d]
Die Rabbiner nennen das Wochenfest ,Atzeret' von Passah.[138]
'Atzeret' bedeutet 'Abschluss' oder '(Ab-)Warten'. Die erste Erwähnung dessen, dass das Wochenfest mit dem Bundesschluss auf dem Sinai zusammenfällt, findet sich im Talmud.[139] Weil das Volk erst beim Sinai gleichsam ein Herz mitbekam, geben die Rabbiner dem Wochenfest auch den Namen 'Zman Matan Torateynu'.

---

[a] 1 Kor 15, 20-23 [b] Ex 19-20;24 Dtn 16,9; Ex 23, 16-17; Lev 23, 15-21; Num 28, 26 -31 [c] Apg 2; 2 Kor 3-4; Hebr 8 [d] Ex 5,1; 10,9

Dank dieses Bundes bewahrte das Volk jahrhundertelang seine Identität, sogar unter Bedrängnis und außerhalb des verheißenen Landes. So wie Passah und Shawuot zusammengehören, gehören auch jüdische Staatsangehörigkeit und Identität zusammen. Das Volk erhielt die Berufung, inmitten der Nationen ein auserwähltes Volk,[a] ein Reich von Priestern und ein heiliges Volk zu sein.[b] Die Zehn Gebote sind als eine Heiratsurkunde zwischen Gott und seinem Volk zu betrachten. Gott bewahrt das Bundesgeheimnis, sein Ehegeheimnis mit Israel.[140] Der Prophet Jesaja beschreibt Gott als Gemahl seines Volkes, als ‚Gott der ganzen Erde'.[c]

Hat darum die Welt eine Ahnung von dem Eheband Gottes mit Israel?[d] Noch immer gilt die Verheißung, dass Gott den Bund auf dem Sinai in ihr Herz schreiben wird.[e]

Während der Feste gibt es neben der Tora-Lesung auch eine Prophetenlesung, eine 'Haftara-Lesung'. Beim Wochenfest ist der Prophet Ezechiel an der Reihe, und zwar seine Vision von der Majestät Gottes in Kapitel 1. Damit wird deutlich, dass das Wochenfest mit den Verheißungen aus Jeremia 31 und aus Ezechiel 1 eine prophetische Dimension beinhaltet.

Zum Wochenfest gehört auch die Festrolle Rut.[141] Rut ist das Beispiel einer Person, die aus Liebe zu Gott seinem Volk beigetreten ist. Sie verlässt wie Abraham das Land ihrer Geburt und ihr Vaterhaus,[f] um in ein unbekanntes Land zu gehen. Dabei spürt sie, dass Gott sie führt. Rut ist für alle Menschen bei ihrem Ringen um Veränderung ein Beispiel geworden. Das Buch Rut zeigt Gottes Sorge für die Armen und Witwen. In der Leviratsehe zwischen Boas und Rut ist die Thora-Freude zu spüren. Wichtiger noch ist hier jedoch der Hinweis darauf, dass auch die Heiden durch den Löser dem Volk Israel angehören werden. Israel empfängt mit den prophetischen Verheißungen Gottes die Botschaft, dass die Heiden unter der Herrschaft des Messias dem Volke Gottes angehören werden.[g]

Das Wochenfest ist der Anfang dieser prophetischen Bestimmung.

---

[a] Ex 19,5 [b] Ex 19,6 [c] Jes 54,5 [d] Jes 55,5 [e] Jer 31,33 [f] Gen 12,1
[g] Sach 14,9; Ex 38-39

4.5 Die prophetische Bedeutung der Frühjahrsfeste

Als nächstes geht es nun um die prophetische Bedeutung der Frühjahrsfeste. Die drei Feste stecken im Zeitenlauf der Geschichte gleichsam ein Programm für das Volk ab. Zu Passah beginnt Israels reale Befreiung. Diese verläuft in Phasen. Gott ist zunächst der Herausführer, derjenige, der sein Volk aus dem Leid in Ägypten herausführt. Dann ist Gott der Befreier seines Volkes aus dem Frondienst. Danach ist Gott der Löser, also jemand, der einen Verwandten freikauft. Und schließlich ist Gott der Bräutigam, der sein Volk ganz annimmt. Gott hat seine Braut aus Ägypten befreit, um mit ihr beim Sinai eine Ehe einzugehen. Die Thora verkörpert dabei den Ehevertrag des Bundes zwischen Gott und seinem Volk. Die Wüstenreise ist mit einer Brautzeit zu vergleichen, in der Gott mit seinem Volk allein ist.[a]

Auf dem Weg ins verheißene Land und ins Reich Gottes lernt das Volk die Thora-Freude kennen. Im Passahfest steht bereits die Zukunftsperspektive fest, dass das Volk einmal das verheißene Land besitzen wird. Aber auch wenn das Volk dieses Land des Gottesreiches bekommen hat, wird das prophetische Passah weiter bestehen bleiben und gefeiert werden.[b] Dann ist kein Passahlamm mehr notwendig, nur ungesäuertes Brot als Zeichen der Schuldlosigkeit.

Eine fesselnde Frage ist, ob die in Phasen verlaufende Befreiung ein Modell für die zweite Ankunft des Messias ist. Erfolgt diese auch in Phasen?
Wir haben gesehen, dass bereits am 10. Nisan, am Palmsonntag, die prophetische Verheißung mit dem Einzug Jesu in Jerusalem zum Teil erfüllt wurde. Die Menschen sangen: "Hosanna, gesegnet sei er, der kommt im Namen des Herrn". Die endgültige Erfüllung erfolgte jedoch nicht zu Passah. Es steht also noch eine künftige Erfüllung oder Vollendung des Passahs aus.

---

[a] Jer 2,2 [b] Ez 45

43

Im Anschluss an das Passahfest wird das Fest der ungesäuerten Brote gefeiert. Dieses siebentägige Geschehen symbolisiert vor allem die Loslösung von der Vergangenheit. Es spricht von Heiligung, von Absonderung. Auch das NT weist auf deren Wichtigkeit hin: "Das Alte ist vergangen, Neues ist geworden."[a] In den ungesäuerten Broten, den ‚Mazzot', ist eine zweite prophetische Bedeutung beschlossen: das Genährt-Werden von dem verborgenen Manna, von Gottes Wort aus dem Himmel. [b]

Am Ende der Passahwoche, am siebten Tag des Festes der ungesäuerten Brote, zog das Volk durch das Schilfmeer.[142] Der Abschluss dieses Festes, 'Shevi'ih Shel', drückt aus, dass die 'Mazzot' als das Brot des Elends ein Ende hat und dass durch das Wasser des Schilfmeers hindurch eine wirkliche, reale Erlösung geschehen ist. Als das Volk aus Ägypten gezogen und durch das Schilfmeer gegangen ist, singt Mose sein erstes Lied.[143] Es ist das erste Lied im Tenach.[c] Mirjam und das ganze Volk übernehmen es. Das Wasser ist darin das Urbild der Chaosmächte, aus denen Befreiung erforderlich ist. Das Lied ist insofern als eine Zusammenfassung der Heilsgeschichte zu betrachten, als es die Schöpfung besingt, die über die Befreiung ins Reich Gottes führt. [d]

Das Fest der Erstlinge verweist mit seinem Opfer für Gott auf die Schuldlosigkeit Christi. In diesem Opfer ist Christus als das Zeichen der ersten Auferstehung gegenwärtig. Weil im Tempel die Garbe der Erstlinge vor dem Angesicht Gottes hin- und hergeschwungen wurde, symbolisiert dies auch die Himmelfahrt Christi: So kann er im Himmel vor dem Angesicht Gottes hin- und hergeschwungen werden. Die Garbe der Erstlinge wird von der Ernte der Erstlinge unterschieden.[e] Diese Garbe ist der Vorbote der Frühjahrsernte, 'Shawuot'. Auf den 50. Tag der Omerzählung, ab dem Fest der Erstlinge, fällt Shawuot, das Wochenfest.[f] Wenn der Name auch anderes vermuten lässt, dauert das Wochenfest nur einen Tag.

---

[a] 2 Kor 5,17 [b] Offb 2,17 [c] Ex 15, 1-19 [d] Siehe Offb 15,3 [e] Ex 23,16 [f] Lev 23,15

Es bildet den Abschluss der Frühjahrsfeste. Das Gerstenopfer der Frühjahrsernte an diesem Tag ist eine Erstlingsgabe für den Herrn.[a] Das Wochenfest ist aus diesem Grunde das Fest der ersten oder frühen Ernte.[b] Die Erstlinge sprechen von dem kommenden Rest, der großen Ernte. Auffällig ist die Parallele mit dem neutestamentlichen Wochenfest, nämlich Pfingsten. Dort werden der Gemeinde zunächst - wie eine frühe Ernte - 3000 und später 5000 Menschen hinzugefügt.[c] Die Gerstenernte zum Fest der Erstlinge und die Weizenernte zum Wochenfest sind jeweils Vorläufer der letztendlichen Ernte zum Laubhüttenfest, dem Erntefest am Ende des Jahres.[d] Für die künftige Erfüllung dieses Festes der Erstlinge ist im letzten Buch der Bibel, in der Offenbarung, zu lesen von den 144.000 Erlösten Israels: Sie werden beschrieben als die Erstlingsgaben für Gott und für das Lamm und zeigen den Beginn der großen Ernte.[e]
Und was ist dieses große Erntefest?[f]

Shawuot, das Pfingstfest 50 Tage später, wird als der Abschluss des Passahs betrachtet. Der Kirchenvater Athanasius betrachtete diesen Abschluss als den großen Tag des Herrn.[144] Die 50 Tage setzen sich wie folgt zusammen: 7 x 7 + 1 Tag. Die Einheit von sieben Tagen oder sieben Jahren ist eine biblische Tatsache. Zur Vollendung des Abschlusses, zur Abrundung der Omerzählung, ist jedoch ein zusätzlicher Tag, also ein 50. Tag, erforderlich.
Ist dieser zusätzliche, achte Tag dann ein Bild der Zukunft? Welche Bedeutung hat die Zeiteinteilung?
Für Gott ist die Heiligung der Zeit von wesentlicher Bedeutung, mehr noch als die Heiligung eines Ortes. Gott teilte die Zeit nach einem bestimmten Muster ein: Die Woche hat sechs Schöpfungstage und einen siebten Tag als Ruhetag. Nach dem Vorbild Gottes darf der Mensch sechs Tage arbeiten und am siebten Tag, dem Sabbat, ruhen.

---

[a] Lev 23,17 [b] Hebr 12,23 [c] Apg 4,4 und 5,14 [d] Mt 13,30-39; Mk 4,29; Offb 14,15 [e] Offb 14,4 [f] Mt 13, 36-43

Die Zahl 7 hat in der Bibel die Bedeutung der Vollkommenheit. In Bezug auf die Feste taucht dieses Muster der 7 entsprechend auf. Um etwas zu vervollkommnen, reicht aber offensichtlich sogar 7 x 7 reicht nicht aus. Zur Abrundung der Omerzählung ist nach 7 x 7 Tagen noch ein zusätzlicher Tag erforderlich. Dieses Muster setzt sich auch auf die Jahre bezogen fort. Nach sechs Jahren folgte ein Sabbatjahr, in dem den Sklaven ihre Freiheit und Würde wiederzugeben war. Und nach 7 x 7 Jahren folgte ein zusätzliches Jobeljahr, in dem die ursprünglichen Besitz- und Rechtsverhältnisse wiederhergestellt wurden, sodass die neue Generation wieder eine Existenzsicherung erhielt und einen neuen Anfang machen konnte. Zur Vervollständigung muss offensichtlich nach 7 x 7 Tagen oder Jahren etwas aus einer anderen Kategorie hinzukommen. Und diese hat möglicherweise mit dem achten Tag bzw. Jahr zu tun.

Der achte Tag ist gleichzeitig der erste Tag einer neuen Woche, eines neuen Jahres und einer neuen Ordnung (Schöpfung).[145] So lesen wir, dass der Priester Aaron und seine Söhne sieben Tagen nach ihrem Amtsantritt, also am achten Tag, ihr erster Amtstag im Dienste Gottes anfing.[a] Dieser achte Tag übersteigt gleichsam unsere Perspektive und Zeiteinteilung. Er weist auf etwas von einer anderen Seite hin, etwas von Gottes Seite, auf einen neuen Anfang. Die Zahl 8 steht damit für das Zeichen des Messias, der von der anderen Seite, von Gottes Seite, zu uns kommt, um unsere Lage zu vervollkommnen. Das Jobeljahr als 50. Jahr spielt an auf diese neue Schöpfung. Jesus bezeichnete in seiner Lesung aus Jesaja 61 in der Synagoge zu Nazareth dieses Jobeljahr als den Anfang einer neuen Ordnung. Die üblichen Lesungen unterstreichen das Herbeisehnen einer neuen Zeit, der zukünftigen Welt, 'Olam Haba'.[b]

---

[a] Lev 9,1 [b] Jer 31; Ez 1

Wir wissen, dass Gott über die Zeit wacht und dass er sein Heilshandeln zu einer bestimmten Zeit erfüllt. So ist Jesus in die Fülle der Zeiten gekommen,[a] und die Jünger mussten bis zu dem Zeitpunkt warten, an dem Pfingsten völlig angebrochen war, um Gottes Geist zu empfangen.[b] Wir wissen auch, dass Shawuot, das Wochenfest, der Abschluss der Frühjahrsfeste ist, jedoch noch nicht der Abschluss aller Feste sein kann. So sind nun die Herbstfeste dahingehend zu untersuchen, wie sie Gottes Ordnung der Zeit weiter gestalten.

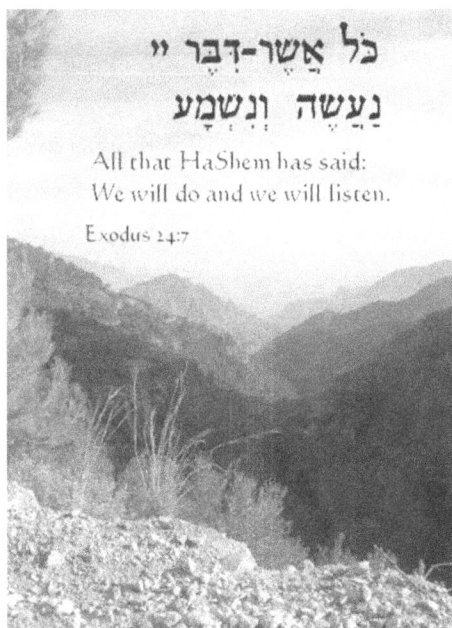

„ כֹּל אֲשֶׁר-דִּבֶּר
נַעֲשֶׂה וְנִשְׁמָע

All that HaShem has said:
We will do and we will listen.

Exodus 24:7

---

[a] Gal 4,4 [b] Apg 2,1

5

Die Herbstfeste

D ie Herbstfeste bilden wie die Frühjahrsfeste eine Kombination. Der bekannte Festkalender aus Levitikus 23 gibt an, dass die Herbstfeste alle in den siebten Monat fallen und dass sie aus drei Teilen bestehen, und zwar:
dem Tag der Posaunen am 1. Tag
dem Versöhnungstag am 10. Tag
dem Laubhüttenfest vom 15. bis zum 21 Tag einschließlich.[146]
Im folgenden ist der Zusammenhang dieser Herbstfeste zu betrachten und zu untersuchen, ob es eine Entwicklung gibt in Richtung des Laubhüttenfestes als des großen Erntefestes. Dabei stellt sich die Frage, ob auch innerhalb des Laubhüttenfestes am letzten großen Tag, dem Schlusstag des Laubhüttenfestes, ein Höhepunkt zu erkennen? Und ist eine prophetischen Bedeutung der Herbstfeste auszumachen?

5.1 Der Tag der Posaunen

D er Tag der Posaunen, 'Jom Teruah', ist einer der sieben Tage im Jahr, an denen eine heilige Versammlung stattfinden soll.[a] Dieser Festtag beginnt im Gegensatz zu allen anderen Festtagen, die ihren Anfang am Vollmond haben, mitten im Monat am Neumond. Der Neumond ist das Symbol der Umwandlung oder des Neubeginns. Es wird nicht genau erwähnt, aus welchem Grund dieser Tag ein Gedenktag ist.[147] Auch ist er erst später in der Geschichte Israels mit dem Geburtstag der Welt in Zusammenhang gebracht worden, sodass viele annehmen, dass dies der erste Tag der Schöpfung ist. Wegen dieses Hochtages der Schöpfung wird mit Posaunen vor Gott dem König gejauchzt. [b]

---

[a] Lev 23 [b] Ps 98,6

Vom Kollektivitätsgedanken aus stellt das Feiern des Geburtstages der Schöpfung eine Verbindung zwischen einerseits dem Individuum und der Schöpfung und andererseits der Schöpfung und der ganzen Menschheit her. Neujahr fällt in den siebten Monat, wenn sechs Monate vorbei sind und noch sechs Monate kommen. In der Mitte des Jahres sind bei Gott Anfang und Ende des Jahres miteinander verbunden. Die Mitte des Jahres wird auch das 'Haupt des Jahres' oder 'Rosh ha-Schana' genannt.

Außer dem Widderhorn, dem 'Schofar' benutzt man an diesem Tag Posaunen aus Silber.[a] Silber ist nicht nur das Zahlungsmittel zur Begleichung und Versöhnung, es ist auch das Zeichen der Erlösung der Seele.[b, 148] Erst nach der Erlösung ist die Ruhe des Sabbat und der Feste überhaupt möglich.[c] Der Tag der Posaunen ist aus diesem Grund ein Tag der Einkehr, der geistlichen Vorbereitung, um ein Sabbat für das Volk sein zu können. [d]
Die Posaune kündigt den Versöhnungstag zehn Tage später an.[149] Die zehn Tage zwischen dem Tag der Posaunen und dem Versöhnungstag sind die Tage der Einkehr, der Selbstbesinnung, 'Chesbon Hanefesj' oder 'Aseres Y'mei Teshuvah'. Diese Ehrfurcht gebietenden Tage, auch 'Jamiem Noraiem' genannt, werden im Vertrauen auf die Zukunft voller Freude gefeiert.[150] Bei der Selbstbesinnung wird dem eigenen Versagen ins Auge geschaut, ohne dass ein Ausschluss aus der Gemeinschaft zu befürchten wäre. Dabei spielt das Bewusstsein eine Rolle, dass die Gemeinschaft erst funktioniert, wenn ein jeder seinen eigenen Platz einnimmt. Bei der Lesung an diesem ersten Tag liegt die Betonung auf der Solidarität mit der Menschheit.[e] Bis zum Versöhnungstag wird an jedem Tag zweimal Psalm 27 zitiert. Der Schluss von Psalm 27 hat nämlich den Aufruf, auf den Herrn zu harren.

---

[a] Num 10,2 und Ps 98,6 [b] Ex 30, 11-16 [c] Mt 11, 28-30, Hebr 4, 1-11 [d] Lev 23,23
[e] Gen 21, 1-34

Der Tag der Posaune kündigt außer dem Versöhnungstag auch eine Hochzeitsfeier an.[151] Dieses Bild einer Hochzeit tauchte bereits beim Passahfest auf. Bei einer Hochzeit gab es bestimmte Bräuche. Wollte ein Mann im alten Israel heiraten, so besuchte er zunächst den Vater seiner Auserwählten, um einen Vertrag aufzusetzen. Dann ging er und begann, für seine Braut eine Brautkammer vorzubereiten. Nach etwa zwei Jahren, wenn diese Kammer fertig war, kam er wieder, um seine Braut 'wie ein Dieb in der Nacht' zu stehlen. Er führte sie für sieben Tage in seine Brautkammer und kehrte dann zurück, um mit den Gästen das Fest zu feiern.

Die Herbstfeste haben neben diesem Bild einer Hochzeit auch die Bedeutung eines Erntefestes. Historisch betrachtet lernte Israel das Passahfest noch während seines Aufenthaltes in Ägypten kennen. Als es Ägypten verließ, feierte es das Fest der ungesäuerten Brote und das Shawuot-Fest. Aber erst im verheißenen Land konnte es das Erntefest richtig feiern.[a, 152]
Eine große Tragödie fand statt bei Kadesch-Barnea, was 'widerstrebender Sohn' bedeutet. Da weigerten sich die Israeliten, auf ihre Kundschafter zu hören, in das verheißene Land einzuziehen und dann das große Erntefest zu feiern.[b] Erst nach 40 Jahren konnte die nächste Generation in das Land einziehen und das Erntefest feiern. Als Erinnerung an diese lange Vorbereitunszeit beginnen in Israel heute die Vorbereitungen der Herbstfeste bereits 40 Tage im voraus, ab dem 1. Elul bis zum Versöhnungstag, dem 10. Tischri. Diese 40 Einkehrtage, 'Teschuwah', bezwecken die Rückkehr zu Gott, die Versöhnung mit ihm und den Mitmenschen.[c]

Innerhalb der jüdischen Liturgie hat Rosh ha-Schana die Bedeutung der 'Gründung des Reiches Gottes'. Das Volk befindet sich in der Wüste auf dem Wege zum Werden 'eines Königreiches von Priestern', einer heiligen Nation.[d]

---

[a] Num 13-14 [b] Jos 5,10-12; Lev 23; Neh 8 [c] Lev 23 [d] Ex 19,6

51

Rosh ha-Schana hat aus diesem Grund auch die Funktion eines Gedenktages an diesen Auftrag, 'Jom haZikaron'. Außerdem wird dieser Tag der Posaunen auch 'Tag des Gerichts' genannt. Dabei wird die Rückkehr zu Gott, 'Teschuwa', im Denken des Volkes in den Mittelpunkt gestellt wird.[153] Im Talmud steht, dass Gott sich an diesem Tag vom Thron des Gerichts erhebt und sich auf den Thron der Gnade setzt.[154] Dies weist auf den Versöhnungstag hin.

Der Tag der Posaunen als Beginn der Herbstfeste ist also in seiner Ankündigung der zehn Einkehrtage, des Versöhnungstages und der messianischen Hochzeitfeier vor allem auf die Zukunft ausgerichtet. Im NT steht das Bild der Hochzeitfeier für den Liebesbund zwischen Jesus und seiner Gemeinde, die aus Juden und Christen besteht. Jesus hat aus beiden eine Gemeinde gemacht.[a] Der Bräutigam Jesus zeichnet den Vertrag des neuen Bundes mit seinem Blut.[b] Danach geht er hin zum Vater, um für seine Braut eine Stätte zu bereiten.[c] Einmal wird er wiederkommen, um mit seiner Braut das große Hochzeitsfest zu feiern. [d]

---

[a] Eph 2,15 [b] Mk 14,24 [c] Joh 14, 2-3 [d] Offb 19, 7-8

5.2 Der Versöhnungstag

Der Versöhnungstag ist der wichtigste Sabbat des Jahres. Zwischen Rosh ha-Schana und dem Versöhnungstag liegen zehn Einkehrtage zum Bekennen der Sünden, 'Widdui', und zur Versöhnung mit Gott.[a] Am Versöhnungstag, am 'Jom Kippur', steht der Begriff 'Kappara', Versöhnung, im Mittelpunkt. Deswegen ist dies der Tag der nationalen Versöhnung (Reinigung).

Aus den Festkalendern ist zu ersehen, dass genau dreimal 40 Tage zwischen Shawuot und Jom Kippur liegen, an denen Gott zum ersten bzw. zum zweiten Mal seine zehn Gebote gab. Um sich am Versöhnungstag mit Gott zu versöhnen, standen sehr genaue Ordnungen zur Verfügung.[b] Der Hohepriester sollte die acht Kleidungsstücke ablegen, damit er als gemeiner Priester ausschließlich in Leinen gekleidet seine Aufgabe erledigen konnte.[c, 155] Außer den 40 Handlungen, die der Hohepriester an diesem Tag zu verrichten hatte,[156] sollte er den Namen des Herrn zehnmal nennen: sechsmal im Zusammenhang mit dem Stier, dreimal beim Sündenbock und einmal mit dem Los. Wenn die Menschen den Namen ihres Herrn hörten, warfen sie sich aus Ehrfurcht auf ihr Angesicht.

Bei diesen Festen des Herrn stand der Altar im Mittelpunkt des Dienstes an Gott.[157] Während beim Passahfest nur die Türpfosten siebenmal und beim Wochenfest lediglich das Volk und das Gesetzbuch siebenmal besprengt wurden, war es beim Versöhnungstag der Altar im Heiligtum, der siebenmal besprengt wurde.
Der Altar, d.h. die Deckplatte auf der Bundeslade, wird auch ‚Thron der Gnade' genannt. Der Hohepriester kam hier in die unmittelbare Nähe Gottes, die 'Schekinah' oder Herrlichkeit Gottes.

---

[a] Lev 16, 29-31; 23-27-32 [b] Lev 16 [c] Lev 8,7; Ex 28, 27-33

Der Prophet Daniel spricht von einem Tag der Reinigung des Heiligtums mit dem Altar.[a]
Jetzt, wo der Altar nicht mehr anwesend ist, betet man für die Erlösung Israels. [b]

Über dem Versöhnungstag steht die Verheißung: "Ich, Gott selbst, werde die Unreinheiten an einem Tag entfernen".[c] Wird das einmal an diesem Tag stattfinden? Gott selbst wird die Reinigung nach den Tagen der Reue bewirken.[d] Ist das, prophetisch gesehen, also nach den Tagen der Einkehr?

An diesem Tag werden zwei Teile aus der Thora, ‚Paraschot', gelesen: Levitikus 16-18 und Levitikus 19-20, wobei die Versöhnung aus Levitikus 16 mit der Konfliktlösung zwischen Menschen aus Levitikus 19 verbunden wird. Die Wiederherstellung der Beziehung zwischen Gott und dem Menschen hat auch Auswirkungen auf die Beziehung der Menschen untereinander.
Die Prophetenlesung über die Versöhnung nach der Umkehr entstammt Hosea 14. Die extra Festrolle an diesem Tag ist das Buch Jona.[158] Hier ist Reue das zentrale Thema, sowohl individuell für sich selbst als auch kollektiv für die Menschheit. Beim Abschluss der Liturgie wird dafür gebetet, im Buch des Lebens aufgeschrieben zu werden.[e] Im dreijährigen Turnus liest man an diesem Tag über Jakobs Ringen beim Jabbok und über die Versöhnung mit Esau als eine Vorwegnahme des Versöhnungstages aus Genesis 32-33.[159] Am Ende des Versöhnungstages steht das Ritual der Abwaschung der Sünden als Zeichen dafür, dass Gott die Sünden in die Tiefen des Meeres wirft.[f] Daraufhin ertönt wieder die Posaune.

---

[a] Dan 8,13-14 [b] Siehe auch: Rom 10,1 [c] Sach 3,9 [d] Sach 12,10; 13,1
[e] Dan 12,1 [f] Mi 7,19

Die jüdische Literatur erwähnt, dass die Schekina Gottes den Tempel 40 Jahre vor dessen Zerstörung im Jahre 70 n.Chr. verließ.[160] Dabei wurden vier Zeichen gesehen:
Die westliche Lampe der Menora erlosch jede Nacht.
Das Los für den Herrn befand sich immer in der rechten Hand des Hohenpriesters.
Das Tempeltor stand jeden Morgen wieder offen.
Die scharlachrote Schnur wurde nicht mehr weiß.
Die Priester pflegten eine scharlachrote, in das Blut eines Ziegenbocks getauchte Schnur an den Türpfosten des Tempels zu befestigen. Sobald der Sündenbock in der Wüste angekommen war, wurde die scharlachrote Schnur wieder weiß als Zeichen dafür, dass Gott die Sünden vergeben hatte.[a] Die Rabbiner betrachteten diese vier Zeichen als von Gott gegeben.[161] Ist dies ein Hinweis dafür, dass Gott seinem Volk nicht mehr auf diese Weise die Sünden vergibt?

Im Judentum ist Jom Kippur auch der ‚Jom HaDin', der Tag des Gerichtes. Es geht also an diesem Tag nicht nur um Versöhnung, sondern auch um Gericht. Nach dem Talmud[162] öffnet Gott an diesem Tag drei Bücher: das Buch des Lebens für die Gerechten, das Buch des Lebens für diejenigen, die sich in einem Zwischenstadium befinden, und das Buch des Lebens für die Ungerechten.[b] Ein üblicher Gruß an diesem Tag ist 'Gemar Hatimah Tovah' oder 'Möge Dein Name im Buch des Lebens geschrieben stehen'.[163] Am Jom Kippur werden die Bücher geöffnet, aber erst am Sukkot wird das Fest dann das ‚Fest des offenen Buches' genannt.[c, 164] Am Jom Kippur findet die Reinigung des Menschen vor Gott statt und Gottes Urteilen nimmt ein Ende.[165]

Im NT findet der Versöhnungstag im Werk Jesu, in der Sühne aller Sünden, seine Erfüllung. Alle Opfer weisen auf das Opfer Jesu auf Golgota hin.[d] Die beiden Ziegenböcke, die am Versöhnungstag eine Rolle spielen, bekommen im NT Verweisungscharakter.

---

[a] Jes 1,18 [b] vgl. Hos 14, 1-9 [c] Dtn 31,9-13 und 16-30 [d] Hebr 1,2-4; 3,3-6; 7, 26-28; 8,1-6;9,23; 10, 1-12; Dan 9,27

Der für den Herrn geschlachtete Ziegenbock verweist auf Christus in seinem Tod. Der Bock des ‚Azazel‘, der Wegschickung, um Sühnung zu erwirken, wird zum Symbol Christi in seiner Auferstehung.[a] Es ist bemerkenswert, dass beim Sterben Jesu der Vorhang des Tempels in zwei Stücke zerriss; ein Zeichen dafür, dass der Zugang zum Vater ab jetzt für jeden offen war. Christus ist sowohl der Hohepriester nach der Ordnung Melchisedeks als auch der Sündenbock, der außerhalb des Tores gelitten hat.[b,166] So wie die Stiftshütte den Menschen zeigt, dass der Weg zu Gott aufgrund ihrer Sünden noch nicht offen und nur durch Blutvergießen Vergebung zu erlangen war, so zeigt das Werk Jesu, dass er unser Hoherpriester ist und sich selbst als eine Sühne für unsere Sünden hingegeben hat. Das Blut von Tieren konnte nur körperliche Unreinheit hinwegnehmen, das Blut Jesu aber kann Sünden tilgen. [c]

Zwischen dem Versöhnungstag und dem Jobeljahr besteht ein Zusammenhang.[d] Nach der Reinigung des Hohepriesters, des Heiligtums und des Volkes konnte im 50. Jahr das Jobeljahr beginnen. In diesem Jahr wurden die ursprünglichen Besitz- und Rechtsverhältnisse wiederhergestellt. Das Wort ‚Jobel‘ bedeutet auch rufen, jubeln, 'Klang des Schofars'. Mit dem Klang der silbernen Posaune, 'yo-bale', beginnt der Versöhnungstag und das Jobeljahr.[167] Es ist eine Zeit der Wiederherstellung aller Dinge[e] und der Heimkehr der Heimatlosen. Auch im NT ist es prophetisch vorhanden: Jesus ruft bei seiner ersten Verkündigung in der Stadt Nazareth das Jahr des Wohlgefallens für den Herrn aus.[f] Am Schluss des Versöhnungstages wird die silberne Posaune geblasen. Damit wird gezeigt, dass nach dem Kampf auch der Sieg gefeiert werden[g] und man in die Ruhe des Jobeljahres eingehen kann.[h] Somit weist der Versöhnungstag hin auf die Ankunft des Messias, der kommt um zu siegen, zu sühnen und wiederherzustellen, sodass das Jobeljahr beginnen kann.

---

[a] Kol 2,13;3,13; 1 Joh 1,9 [b] Gal 2,20; Hebr 8-9 [c] Hebr 9,11-14 [d] Lev 25, 35-55
[e] Apg 3, 19-21 [f] Jews 61 [g] Jos 6 [h] Lev 25, 10-54

5.3 Das Laubhüttenfest

Das letzte, große Fest der Herbstfeste im siebten Monat ist das Laubhüttenfest, 'Sukkot',[a] bekannt als das Fest der Lese, 'Asif'.[b] Damit gemeint ist die Obsternte am Ende des Jahres.[168] Das Fest erinnert an die Laubhütten, in denen das Volk während der vierzig Jahre dauernden Wüstenreise lebte.[c,169] Es wird auch das Fest des Herrn oder - als Zeichen der Fülle und Vollendung - das Fest im siebten Monat genannt.[e] Vom Standpunkt der Heilsgeschichte aus wird es einfach 'das Fest' genannt.[f] Es hat neben seiner Bedeutung als Erntefest auch eine als Pilgerfest mit prophetischer Bestimmung. Welche Bedeutung die ursprüngliche gewesen ist, lässt sich aus den Festkalendern schwer ermitteln. Wie bereits ausgeführt, bestand wahrscheinlich eine Wechselwirkung zwischen der erinnerungsbezogenen und der agrarischen Auslegung.

In Bezug auf das Laubhüttenfest ist eine Entwicklung zu erkennen, die parallel zu der des Volkes läuft, das zunächst in der Wüste in Zelten lebte und erst später im verheißenen Land in Häusern wohnte. Entsprechend gab es nämlich zunächst die Stiftshütte als Zelt Gottes und erst später den Tempel als Haus Gottes. Möglicherweise ist dies ein Bild dafür, dass das Wohnen in der Stiftshütte oder im Zelt Leben unter Gottes Schutz und letztendlich in Gottes Haus bedeutet.[g] Dabei wäre die irdische Stiftshütte ein Bild der himmlischen.[h] Im apokryphen Buch der Jubiläen steht, dass Abraham der Gründer des Laubhüttenfestes ist.[i] Abraham wohnte mit Isaak und Jakob in Zelten, und er erwartete die Stadt, die einen festen Grund hat, deren Baumeister und Schöpfer Gott ist.[j] Dies weist bereits auf eine prophetische Bedeutung des Festes hin.

---

[a] Lev 23,33-34; Dtn 16,13; Sach 14,16; Ez 3,4 [b] Ex 23,16; 34,22 [c] Dtn 16,13 und Lev 23,34 [d] Num 29,12; Ri 21,19 [e] Neh 8,14 [f] 1 Kon 8,2; Ez 45,25; Neh 8,14; Hos 12,9; Ps 81, 1-3 [g] Ps 27, 4-6 [h] Hebr 8,2 und 5 [i] Jub 16,26 [j] Hebr 11,9

Die Laubhütte ist ein Verweis auf den Umstand, dass das Volk als Fremde und Beisassen auf Erden lebte. Die Laubhütte oder Sukkah ist ein kleiner Vorgeschmack auf die noch kommende Welt, 'Olam Haba'.[171] Der Gerechte erhält in der kommenden Welt eine 'Sukkah' als Brücke zwischen dem Paradies und der kommenden Welt, Rückblick und Ausblick, eine Brücke zu Gottes Thron.[173] Hier lässt sich ein Vergleich anstellen zwischen Abraham und Aaron: Abraham zog aus Ur, der Stadt der Chaldäer, aus und wohnte im Land der Verheißung in einem Zelt; Aaron hielt sich sieben Tage im Tor des Gotteszeltes auf, bevor er am achten Tag zum Hohenpriester geweiht wurde. Die Sukkah wird verglichen mit dem Thronhimmel Gottes als einem Baldachin für die Hochzeit Gottes mit seinem Volk. Sukkot ist das Fest, bei dem man Gott in seinem Zelt bzw. Haus begegnet. Man sehnt den großen Tag, an dem Gott bei seinem Volk wohnt, immerfort herbei.[a] Während der Wüstenreise war die Stiftshütte die Laubhütte oder das Zelt Gottes.

Später brachte David die Stiftshütte nach Jerusalem. Während der Regierung des Königs Salomo wurde der Tempel als Haus Gottes eingeweiht.[173] Der Bau des Tempels bis zu seiner Fertigstellung dauerte sieben Jahre. Die Tempelweihe fand während des Laubhüttenfestes im siebten Monat statt.[b]

Das Fest sollte 'zwischen den Abenden', vermutlich 'am Abend, beim Untergang der Sonne', gefeiert werden.[c] Es ist auch möglich, dass damit der Zeitpunkt des Abendopfers gemeint ist.[174] Vom Abend des 14. Tages an, also ab dem Anfang des 15. Tages, sollte dieses Fest gefeiert werden. Das ist am Vollmond. Tag und Nacht sollte gefeiert werden, wobei die Pforten des Tempels immer offen blieben. Dadurch, dass vier große Leuchter angezündet wurden, war zum Feiern des Festes auch nachts ausreichend Licht auf dem Tempelplatz vorhanden.[175]

Das Besondere dabei ist, dass das Fest sieben Tage dauerte, und zwar vom 15. bis zum 21. des siebten Monats. Danach sollte am achten Tag

---

[a] Jes 33,20-24 [b] 2 Chron 5,3; 1 Kon 8, 1-2 [c] Dtn 16,6

des Festes, am 22. des Monats, eine Festversammlung gehalten werden.[a] Während dieser Festversammlung erbat man von dem Herrn Regen für die Zeit des Spätregens.[b] Regen ist ein Zeichen von Gottes Segen im verheißenen Land[c] und trägt die Bedeutung von Erfrischung und Erneuerung.

Der Herr versprach, das Volk während der Frühjahrs- und Herbsternte mit Getreide, Most und Öl zu segnen.[d] Die sieben Gewächse oder Früchte sind: Gerste, Weizen, Trauben, Feigen, Granatäpfel, Oliven und Datteln.[e] Zu Passah beginnt die Gerstenernte, zu Shawuot endet die Weizenernte. Die übrigen Früchte wurden zu Sukkot in den Tempel gebracht. Von den sieben Früchten des verheißenen Landes stammen vier Früchte von Bäumen: die Traube, die Feige, die Olive und der Granatapfel. Über den Wein von Trauben wird im AT häufig geschrieben. Der Feigenbaum ist das Bild der Thora, von dem man jeden Tag ein wenig pflückt. Der Granatapfel schmückt den Tempel und das Kleid des Hohenpriesters. Der Olivenbaum wird erst nach vielen Jahren im Überfluss Früchte tragen. Der Ertrag all dieser Fruchtbäume wird zu Sukkot geerntet. Daher ist Sukkot das große Erntefest.

Die Ordnungen für das Laubhüttenfest sind sehr detailliert. Es wurden bei diesem Fest die meisten Opfer aller Feste gebracht,[176]zum Beispiel 70 Stiere für die 70 Völker.[177] Am ersten Tag waren es 13 Stiere, danach täglich ein Stier weniger. Im Talmud findet sich ein prophetischer Blickwinkel an der Stelle, wo über die 70 Stiere als ein Sühnopfer für die Völker gesprochen wird, damit auch sie das Fest feiern können.[178]Sukkot ist also wie kein anderes ein Fest für Juden *und* Nichtjuden.[f] Am achten Tag wird noch ein zusätzlicher Stier geopfert, namentlich für Israel, sodass die Gesamtzahl 71 beträgt. Nimmt Israel dabei einen besonderen Platz ein innerhalb aller Völker?

---

[a] Lev 23,36; Num 29,35 [b] Sach 10,1; Hos 6,3 [c] Dtn 11,10-17; Spr 16,15; Joel 1,10
[d] Dtn 11,14; Neh 5,10 [e] Dtn 8,8 [f] Sach 14

Laut den Ordnungen sollten die Priester und Leviten immer zum Ende eines siebten Jahres, zum Laubhüttenfest, das Bundesbuch aus der Bundeslade herausnehmen und dem Volk daraus zur Unterweisung vorlesen.[a,179] Während der anderen Feste, Passah und Shawuot, wurde diese Lesung nicht gehalten. Auch dies beweist die große Bedeutung von Sukkot. Seit der zweiten Tempelperiode ist die Thora-Lesung über das Jahr aufgeteilt.

Die Ordnung der Thora-Lesungen an Sukkot[180] schreibt vor:
1. an den beiden ersten zwei Tagen: Lev 22,26-23,44;
    am ersten Tag Propheten/Haftara: Sach 14,1-2 + Schriften, Ps 105;
    am zweiten Tag Propheten/Haftara: 1 Kön 8,2-21 + Schriften, Ps 29.
2. an den Zwischentagen, Thora: Num 29,17-34 + Schriften: Ps 50,16 u.f., Ps 94,16 u.f., Ps 94,8 u.f., Ps 81,6 u.f., Ps 82,5 u.f.
3. am Sabbat: Thora: Ex 33,12-34,26;
    Propheten/Haftara: Ez 38,18-39,16.
4. am siebten Tag: Thora: Dtn 14,22-16,17;
    Propheten/Haftara: 1 Kön 8,54-9,1.5
5. am achten Tag: Thora: Dtn 33,1-34,12 und Gen 1,1-2,3;
    Propheten/Haftara: Jos 1,1-18.

Eine spezifische Ordnung der Thora für das Laubhüttenfest gibt die Anweisung, vor dem Angesicht Gottes, 'Zeman Simchatenu', wirklich fröhlich zu sein.[b] Es ist fast ein zusätzliches Gebot: 'Ihr sollt euch vor dem Herrn, eurem Gott, sieben Tag freuen'[c]und 'Ihr sollt wirklich fröhlich sein'.[d]
Beim Abschluss von Sukkot wird am Tag der Thora-Freude, am ‚Simchat Torah', der Zyklus der Thora-Lesungen abgeschlossen und mit Genesis 1 sofort wieder eröffnet. Da das Wort Gottes als Quelle allen Lebens gültig bleibt, geht das Leben weiter. Dies wird dadurch symbolisiert, dass über den Anfang des Lebens, Genesis 1, gelesen wird. Die Prophetenlesung an diesem Tag entstammt Josua 1.

---

[a] 2 Chron 17,7-9; Mal 2,1-10 [b] Dtn 16,15 [c] Lev 23,40 [d] Dtn 16,15

Josua übernimmt die Führung von Mose und nimmt das gelobte Land zur Erfüllung der Verheißung ein. Als Zeichen einer neuen Zeit wurde Sukkot also erst im verheißenen Land gefeiert. Josua wird mit diesem Fest beauftragt, die Thora einzuhalten. Genauso soll jede Generation die Thora einhalten und die Führung übernehmen. Zu Sukkot ist die große Ernte eingebracht worden und das neue Jahr wiederum kann beginnen.

Die Festrolle während Sukkot ist neben den Thora-Lesungen das Buch Prediger. Diesem Buch gemäß ist die Laubhütte die richtige Metapher für das Leben: Unvorhersagbar wie das Leben in jeder Hinsicht ist, bietet das himmlische Dach die einzige Sicherheit. Die Sukkah wurde als Zeichen des Sieges, des Weinens, der Freude und der Salbung aus Palmen-, Weiden-, Myrten- und Olivenzweigen gebaut. Im Buch Prediger wie in Sprüchen 22 steht zu lesen, dass Gott Reiche und Arme gemacht hat und beide vor dem Angesicht feiern sollen.[a] Während dieses größten Festes des Jahres haben die Armen, Witwen, Leviten und Fremden teil am Segen.[b] Bei der Austeilung der Erntegaben lässt man ihnen Gerechtigkeit, 'Tzedaka', widerfahren.

Bereits vor dem Exil weissagte Jesaja von einem Fest mit alten Weinen.[c] Höchstwahrscheinlich bezieht sich dies auf die Traubenernte beim Laubhüttenfest. Außerdem beschreibt er in dem Bild der Sukkah die Zukunft für Jerusalem, das eine sorgenfreie Wohnstätte sein wird, ein Zelt, das nicht wandert, wenn der Herr sein Volk rettet. [d]
Es war die Art und Weise, wie sein Volk die Feste feierte, die Gott hasste. Aus diesem Grund ließ er es zunächst in die Gefangenschaft führen.[e] Da wurde die Sukkah ein Zeichen für die Vergänglichkeit des Lebens, weil das Volk von seinem natürlichen Mittelpunkt, dem Land Israel, getrennt wurde.

---

[a] Ps 100 [b] Dtn 16,9-16 [c] Jes 25, 6-8 [d] Jes 33,20-22 [e] Ri 21,19-25; Jes 1,11-16; Jes 5,11-12; Jes 28, 7-8; Jer 51, 37-39; Klgl 1,4, 2,6-8, 22; Hos 2,8-11; Hos 9, 3,5; Am 21-24; 8,10; Mal 2,1-3, 7-10 und Sach 7,5-14

Die Errichtung der Sukkah wurde zu einem Gebet um Autonomie für das eigene Land und um die Ankunft des Messias, der die Welt retten wird. [181]

Jesaja weissagte, dass Jerusalem ein feststehendes Zelt sein würde, in dem Gott Richter, Gesetzgeber und König sein würde.[a] Diese Zukunftsperspektive des Reiches Gottes erweitert sich sogar dahingehend, dass das Volk einmal von all seinen Übertretungen freigesprochen sein wird. (Siehe die NT-Perspektive, dass ganz Israel gerettet und freigesprochen sein wird.) [b]

Die späteren AT-Bücher Esra, Nehemia, Haggai und Sacharja sprechen vielfach über das Laubhüttenfest. Zu Esras Zeit wurde das Laubhüttenfest noch ohne den Tempel gefeiert. Man hatte zunächst nur den Brandopferaltar wiederhergestellt.[c] Die vollständige Thora wurde vorgelesen. Besonders in einem Sabbatjahr, in dem nicht geerntet wurde,[d] konzentrierte man sich auf diese Lesung. Nach dem Tempelbau zu Nehemias Zeit wurde das Laubhüttenfest dann wieder gefeiert. In den Büchern Esra und Nehemia handelt es sich um die Wiederherstellung des Volkes aus Babel, um die Wiederherstellung von Jerusalem, seinen Tempel und die Feste des Herrn. Das Volk aus allen Teilen Israels versammelte sich wie ein Mann auf dem Platz vor dem Wassertor.[e] Man schöpfte für das Opfer Wasser aus dem Teich Siloah und brachte es durch das Wassertor hindurch zum Tempel. Dann öffnete man das Gesetzbuch und las daraus vor zur Erinnerung an das Wasser aus dem Felsen, auf den Mose in der Wüste schlug. Damit ist das Laubhüttenfest zum Fest des offenen Buches geworden.[182] Man errichtete Laubhütten und die Freude war groß.[f] Auch die Propheten Haggai und Sacharja riefen das Volk auf, gegen allen Widerstand die Arbeit für Gott fortzusetzen.[g] Bemerkenswert in diesem Zusammenhang ist der Name Haggai, der eine tiefe Bedeutung hat: ‚Chag', Fest oder geboren während eines Festes. Er rief das Volk zur Vollendung des Hauses Gottes auf, auf dass der Herr den Früh- und den Spätregen geben könnte und es eine reiche Ernte geben würde. [h]

---

[a] Jes 33,20-24   [b] Rom 11   [c] Esra 3,6-7 [d] Dtn 31,10 ff [e] Neh 8,1 [f] Neh 8,13-18
[g] Esra 5 [h] Hag 2,9

Die Weissagung des Haggai, dass die Herrlichkeit dieses Hauses größer sein werde als die des früheren, wurde am 22. Tag des siebten Monats ausgesprochen.[a,183] Das ist der Schlusstag des Laubhüttenfestes.[184] Die Herrlichkeit Gottes im zweiten Tempel ist also mit dem Laubhüttenfest verbunden.

Wird die Herrlichkeit Gottes in Zukunft auch während des Laubhüttenfestes erscheinen?[185]
Infolge der Weissagung des Haggai ist das Laubhüttenfest das größte Fest Israels geworden. Es ist ein Fest der Wiederherstellung des Dienstes an Gott.[186] Von dieser Weissagung aus hat dieses Fest auch eine Zukunftsorientiertheit. Nach der Gefangenschaft baute man einen Tempel, der jedoch nicht so schön war wie der erste Tempel Salomos. Haggai weissagte aber, dass der neue Tempel dennoch eine größere Herrlichkeit als der vorige haben werde. Das gibt Hoffnung für die Zukunft.
Beim Propheten Sacharja finden wir dieses Fest in Kapitel 14. Hier beschreibt er zunächst die reale und dann die geistliche Wiederherstellung Israels. Alle Nationen werden aufgerufen, das Laubhüttenfest in Jerusalem zu feiern. Feiert man dieses Fest nicht, so wird das Land keinen Regen erhalten.[b] Dies weist voraus auf die Zeit, wenn alle Völker das Laubhüttenfest feiern werden.[c]

Heutzutage feiert man das Fest mit einer Laubhütte, mit dem ‚Lulav' und dem ‚Etrog'.[187] Der Lulav ist ein Bündel von Palmen-, Myrten- und Weidenzweigen. Er erinnert an die Wüstenreise Israels. Die verschiedenen Zweige verweisen auf die Unterschiede zwischen den Menschen.[188] Der süße Geschmack und der herrliche Duft des Etrog stehen für den Menschen, der die Thora studiert und praktiziert. Der duftende, keine Früchte tragende Myrtenzweig symbolisiert den Menschen, der die Thora studiert, sie jedoch nicht praktiziert. Der Palmenzweig verweist auf die Dattel: schmackhaft, aber nicht duftend. Damit wird der Mensch symbolisiert, der die Gebote beachtet, sich jedoch nicht in die Thora vertieft.

---

a Haggai 2,2,10 b Sach 14,9,16 c Sach 14

Der Weidenzweig steht für den Menschen, der nicht studiert und nicht praktiziert. Der Lulav symbolisiert die Gemeinschaft Israels. Er fordert dazu auf, sich gegenseitig zu ermutigen und herauszufordern, die Thora zu studieren und zu praktizieren.[189]

Während des Laubhüttenfestes fand vom zweiten Abend an jeden Morgen die Zeremonie des Wasserschöpfens , 'Bet Hasho'ayva', statt.[190] Ein Priester begab sich mit einem goldenen Krug zum Teich Siloah, um Wasser zu schöpfen. Nach einem trockenen Sommer war dies das letzte, noch vorhandene Wasser aus dem Innern der Erde. Der Priester brachte es durch das Wassertor hindurch zum Tempel, wo es in ein silbernes Becken gegossen wurde. Als ein Opfer vor dem Altar strömte das Wasser langsam unten aus dem Becken heraus. Das Wassertor hat für das Judentum eine besondere prophetische Bedeutung. (R. Eliezer ben Jacob setzt das Tor mit dem Südtor aus Ezechiel 47 gleich.)[191] Dieses Wassergießen, auch 'Nisuch Hamayim' genannt,[192] erfolgte als ein symbolisches Gebet um Regen an jedem Morgen des Sukkot-Festes.[193] Dieser Brauch geht auf eine mündliche Tradition, Taanit 3a, zurück. Der Talmud deutet dies wie folgt: "Der Allmächtige sagte: Gieße das Wasser auf den Altar während des Festes aus, damit die Regen dieses Jahres gesegnet werden."[194] In der Mishna steht, dass, wer die Freude des Wasserschöpfens nicht kenne, keine richtige Freude kennengelernt habe.[195] Am siebten und letzten Tag des Festes, wegen der vielen Hosha'ana-Gebete auch Hosha'ana Raba' genannt, wird dieses Wasserschöpfen siebenmal wiederholt. Dieser Tag trägt dadurch den Charakter der Vollendung und ist besonders zu untersuchen.

Neben dem Wasserschöpfen war das Anzünden der Lichter ein weiteres großes Festereignis. Jede Nacht wurden auf dem Tempelplatz vier große Leuchter angezündet, so dass in Jerusalem nahezu jeder Platz beleuchtet war[196] und das Fest auch während der Nacht gefeiert werden konnte. Das Laubhüttenfest ist das einzige Fest, das Tag und Nacht gefeiert werden soll, sodass es kein ‚Ende' nimmt. Die Lampen verweisen auf die 'Schekinah', die Herrlichkeit Gottes, die den Tempel erfüllte, und auch auf die Feuersäule, die zum ersten Mal am 15. Tag des siebten Monats gesehen wurde. Die Lampen sind ein Hinweis auf das Volk, das im Dunkel lebt und ein großes Licht sieht.[a] Die Lampe also als Zeichen des Messias - kommt er zum Laubhüttenfest? [197]

5.3.1 Das Große Hoshanna: Hosha'ana Raba

W egen des vielen Rufens um Gottes Hilfe, 'Hoshanna', wird der siebte und letzte Tag des Festes auch 'Hosha`ana Raba' genannt. Siebenmal wird das Hallel-Gebet aus Psalm 113-118 zitiert, das 'Adonai Hosha`ana', das nur am ersten Tag des Passahs, an den acht Tagen des Sukkot-Festes und an den acht Tagen des Chanukka -Festes zitiert wird und nach dem Fall des Tempels dann auch zu ‚Shawuoth', dem achten Tag des Passahs.[198] Der Schlusspsalm des Hallel-Gebetes, Psalm 118, wurde zum zentralen Psalm während des Laubhüttenfestes,[199] er ist der messianische Königspsalm schlechthin,[200] dessen Beginn und Ende denselben Aufruf hat: „Preist den Herrn, denn er ist gut, denn seine Gnade währt ewig!" Der Mittelpunkt dieses Psalms sind die Verse 14 und 15a: "Meine Stärke und mein Gesang ist der Herr.[201] Er ist mir zur Rettung ('Jeshua') geworden." Und dann wird proklamiert: „Klang und Jubel ist in den Zelten der Gerechten."

Die Aussage, dass "der Herr meine Stärke und mein Gesang ist und mir zur Rettung geworden ist", findet sich im Tenach an drei Stellen, sowohl im Gesetz als auch in den Propheten und den Schriften.[b] Das ist auffallend.

- Die erste Lied steht in Exodus 15, es ist das Lied des Mose. Dieses Lied ist eine Eschatologie in Kurzform: von der Schöpfung aus, über die Rettung zum Reich Gottes. Laut Talmud spricht Exodus 15,2 "Er

---

[a] Jes 9,2-6 [b] Ex 15; Jes 12 und Ps 118

65

ist mein Gott, und ich will ihn preisen", vor allem über das Laubhüttenfest, denn indem wir eine schöne Sukkah errichten, preisen wir ihn.[202]

– In Jesaja 12 steht das zweite Lied, ein Loblied, nachdem Gott sein Volk aus allen Völkern freigekauft hat. Darauf folgt in Jesaja 12,3 das beim Laubhüttenfest zentrale Wasserschöpfen: „Und mit Freuden werdet ihr Wasser schöpfen aus den Quellen des Heils." Und schließlich für alle Völkern: „Verkündet, dass sein Name hoch erhaben ist!"

– In Psalm 118 als dritte Stelle zeigt dasselbe Bild auf wie in Jesaja 12: Gott hat sowohl Israel wie alle Völker im Auge.

Es sind also immer wieder dieselben Worte, die zu wichtigen Zeitpunkten in der Thora, in den Propheten und in den Schriften eine Rolle spielen. Auffallend ist, dass jedes Mal nach einer großen Rettung gesungen wird, Gott sei dem Volk zur Rettung geworden. Dieses Jubellied kommt tatsächlich ausschließlich dann vor, wenn Grund zu großer Freude besteht, und zwar, wenn Gott sie gerettet hat.[a] Auffallend ist ebenfalls, dass das Gebet 'Ach, Herr, hilf doch' in diesem Psalm neben der Verkündigung steht, dass Gott sie gerettet hat.[b]

Ist das ein Zeichen immerwährender Abhängigkeit von Gottes Rettung?

Das Gebet ‚Ach, Herr, hilf doch', ‚Hoshanna', ist zum zentralen Gebet des Laubhüttenfestes geworden.

Dieser Tag, 'Hosha'ana Raba', das Große Hoshanna, bildet den Schlusstag des Laubhüttenfestes und weist hin auf den Tag der Rettung, 'Jeshua'.

Nun wird untersucht, welchen Inhalt Jesus dem Tag gegeben hat.

---

[a] Ps 126,2; Esra 6,22 und Jes 61,10   [b] Ps 118,14,25

5.3.2 Der Abschlusstag: Shemini Atzeret

Nach diesen sieben Tagen ist das Fest noch nicht vorbei. Es endet mit einer zusätzlichen Versammlung für Israel, 'Shemini Atzeret' oder Abschluss des Festes.[a] 'Atzar' bedeutet festhalten, zurückhalten. So wie Shawuoth der achte Tag als Abschluss nach sieben Tagen des Passahs ist, so ist Shemini Atzeret der achte Tag als Abschluss nach sieben Tagen des Sukkot-Festes. (Nur einmal wird der siebte Tag das Schlussfest genannt.)[b] Dieser achte Tag wird nicht Fest, ,Chag', genannt, sondern Tag, ,Jom'.[203] Shemini Atzeret ist also kein Bestandteil des Sukkot-Festes, er steht als religiöser Tag auf derselben Ebene wie der Tag der Posaunen und der Versöhnungstag. Die Rabbiner nennen ihn 'Regel Bifnay Atzmo', einen Sonderfesttag.[204]

Die sieben Tage gehören zum natürlichen Aufbau und zur natürlichen Abrundung dieses Festes. Der achte Tag übersteigt diese Struktur, er richtet sich nach einem anderen Muster. Verweist dies auf die göttliche Einteilung?
Die Zahl Acht weist auf die Welt des Wunders hin, auf die Erneuerung und die kommende Welt. Die sieben Tage des Laubhüttenfestes sind dazu bestimmt, unter Gottes Schutz zu wohnen und die Thora zu lernen. Am achten Tag erscheint dieser Schutz wie von selbst, dann wohnt die Thora im Menschen. Am Sabbat Shmini oder am 'Achten' denkt Israel daran, dass die Weihe des Aaron und seiner Söhne nach sieben Vorbereitungstagen im Offenbarungszelt stattfand, wobei die ,Schekina', die Herrlichkeit Gottes, sichtbar wurde.[c] Die Stiftshütte war gerade fertig geworden und durch die Weihe des Aaron und seiner Söhne konnte der Dienst an Gott seinen Anfang nehmen. Gott ergreift dabei die Initiative, indem er selbst mit seiner Schekina erscheint.[c]

---

[a] Lev 23, 26 und Num 29,35 [b] Dtn 16,8 [c] Lev 9-11 [d] Ex 25,8 und Lev 9,4

Die sieben Festtage werden mit dem Fest eines Königs verglichen, der sich nach sieben Tagen von seinen Gästen verabschieden muss, sie jedoch nicht ohne weiteres entlassen will. Sein Abschiedsgeschenk ist eine kleine Mahlzeit, die Thora und Regen für das ganze Jahr.[205] Allenfalls bei der Einweihung des Tempels unter König Salomo haben sieben Tage nicht gereicht.[a]

Die sieben Tage dienen dazu, sich demütig vor Gott zu beugen. Am letzten Tag wird das Hosha'ana dann sehr inständig gebetet. Während des Festes wird aus Prediger gelesen, verbunden mit der Aufforderung, alles im Lichte der Verantwortung vor Gott zu betrachten. Mit diesen sieben Tagen hat man tatsächlich Vergebung erhalten, tiefergreifend als an Jom Kippur.

Der achte Tag wird draufhin als ein Geschenk Gottes empfunden, wobei Licht und Regen am wichtigsten sind. Diese zwei Elemente, Wasser und Licht, treten bei den Weissagungen für die Zukunft des Festes wieder in den Vordergrund.[b,206] Auch in der Mishna sind Regen und Licht für das Volk von Bedeutung. Am achten Tag entließ Gott das Volk. So entließ auch König Salomo das Volk am achten Tag nach dem Fest.[c] Nach der Mishna wird an Shemini Atzeret keine Wasserzeremonie mehr abgehalten, es wird jedoch ein spezielles Gebet um Regen gesprochen, 'Mashiv Haruach Umorid Hageshem'.[207] Nach der rabbinischen Auseinandersetzung, ob man ab dem ersten Tag des Festes oder ab dem achten Tag um Regen beten müsse, wurde die Auffassung Rabbi Joshuas beibehalten, erst am achten Tag um Regen zu beten.[208,209] Regen ist ein Zeichen des Segens, ein Zeichen dafür, dass Gott für alles sorgt, was man für das Leben unterwegs braucht.[210]

Shemini Atzeret ist ein prophetischer Tag im Heilsplan Gottes. Er wartet noch auf seine endgültige Erfüllung.

---

[a] 1 Kon 8,64 [b] Sach 14,6-9 [c] 1 Kon 8,66

5.3.3 Das Fest aus der Sicht Christi

Jesus weist häufig auf das Laubhüttenfest hin. Die wichtigsten Hinweise sollen hier untersucht werden.

Es wird vermutet, dass Jesus in einer Sukkah in Betlehem geboren wurde.[211] Die Ankunft Christi wird beschrieben als das Wort Gottes, das unter uns wohnen wird.[a, 212] Dies legt die Assoziation mit Sukkot nahe. Sukkot ist die Veranschaulichung dafür, dass Gott durch den Messias unter uns wohnen will.[213] Nachdem Jesus zu Sukkot geboren wurde, brachte man ihn acht Tage später zur Beschneidung in den Tempel. Das könnte zu Shemini Atzeret gewesen sein.

Der Priester Zacharias verrichtete im Tempel den Dienst vor Gott, als ihm ein Engel des Herrn erschien, um die Geburt Johannes des Täufers anzukündigen. Zacharias stammte aus der Priesterklasse des Abia, der achten von insgesamt vierundzwanzig Dienstklassen, und diente während der Woche des 12. Siwan.[214] Zählen wir die 40 Wochen für eine normale Schwangerschaft hinzu, so kommen wir auf den 14. Nisan. Demnach wurde Johannes der Täufer zu Beginn des Passahs geboren. Im Judentum erwartet man den Herold des Messias in einer Passahnacht.[b] Jesus wurde sechs Monate später als Johannes geboren, und zwar zum Laubhüttenfest. Und neun Monate zuvor ist das Lichterfest, sodass Jesus vermutlich um das Lichterfest, das Chanukka-Fest herum gezeugt wurde. Jesus, das Licht der Welt, gezeugt zum Lichterfest! Jesus kam nicht zufällig zur Welt, sondern in der Fülle der Zeit, zu einem von Gott bestimmten Zeitpunkt.[c] Gottes Heilstaten sind offensichtlich eng mit seinen Feiertagen verbunden.

Zum Laubhüttenfest kamen alle Männer Israels zum Tempel und übernachteten irgendwo in Jerusalem oder in der Umgebung. Betlehem liegt nur 8 km von Jerusalem entfernt. Auf den umliegenden Feldern und in Betlehem wurden zum Laubhüttenfest

---

[a] Joh 1,1-14 [b] Hag 2,6 [c] Ga 4,4

wahrscheinlich überall Laubhütten errichtet. Jesus wurde geboren, als die Hirten auf dem Feld übernachteten. Dies war vermutlich nicht im Winter, wenn die Schafe im Stall stehen, sondern eher im Herbst. Am Ende der Sommersaison verließen die Hirten ihre Laubhütten auf dem Feld, die danach von den Pilgern benutzt wurden. Dies könnte auf eine Verbindung zwischen dem Leben Jesu und den Pilgerfesten hinweisen. In Israel steht am achten Tag der Bund zwischen Gott und seinem Volk im Mittelpunkt. Deshalb nimmt man gern an diesem Tag die Beschneidung vor als Zeichen der Erneuerung des Bundes zwischen Gott und Israel.[215] Die Beschneidung Jesu am achten Tag ist Teil der Erfüllung der Verheißung, die auf Gottes Bund mit den Vätern liegt.[a, 216] Sie macht den achten Tag des Festes zu einem Tag der Erneuerung. Die Zahl Sieben weist auf die Fülle und die Zahl Acht auf die Erneuerung, einen neuen Anfang hin.[217]

Es ist das zentrale Anliegen Jesu, sein Werk in Jerusalem zu vollbringen. Bevor sich Jesus nach Jerusalem begibt, fragt er seine Jünger, wer er sei. Petrus antwortet: "Der Christus Gottes".[b] Acht Tage nach diesen Worten folgt die Metamorphose Jesu auf dem Berg der Verklärung.[c] Gott bestätigt nun, dass Jesus der Auserwählte ist. Dass Petrus drei Hütten bauen will, ist eine deutliche Anspielung auf das Laubhüttenfest.[218] Sein Ausruf „Meister, es ist gut, dass wir hier sind" ist ein Zeichen dafür, dass die messianischen Zeiten angebrochen sind.[219] Die Offenbarung der Herrlichkeit Jesu ist für Petrus ein Hinweis auf die endgültige Ruhe in der kommenden Welt. Trotzdem ist die Metamorphose Jesu noch nichts Endgültiges und behält dadurch ihre prophetische Verheißung. Die Wolke spielt in diesem Bibelabschnitt eine Rolle als Bild: für die Gegenwart Gottes und sein künftiges Wohnen unter den Gerechten.

Jesus hat das Laubhüttenfest auf eine besondere Weise gestaltet.[d] Er begab sich nicht öffentlich zu diesem Fest, sondern inkognito. Erst um die Mitte des Festes ging er hinauf in den Tempel und lehrte das Volk. Damit bestätigte er, dass er der Mittelpunkt des Festes ist. [220]

---

[a] Rom 15,8 [b] Luk 9,20 [c] Luk 9,28 [d] Joh 7-9

70

Wie bereits beschrieben, begab sich an jedem Tag des Festes ein Priester[a] mit einem goldenen Krug zum Teich Siloah, um den Krug mit Wasser zu füllen, der dann vor dem Altar im Vorhof ausgegossen wurde. Während der Wasserzeremonie betete das Volk: "Ich werde Wasser gießen auf das durstige und Bäche auf das trockene . . . ."[b] Dabei sang man das Hallel-Gebet.[221] Am letzten Tag nun, am Hosha'ana Raba, begab sich Jesus zum Tempel und rief beim Ausgießen des Wassers: „Wenn jemand dürstet, so komme er zu mir und trinke! Wer an mich glaubt, wie die Schrift gesagt hat, aus dessen Leib werden Ströme lebendigen Wassers fließen."[c] Das Wasser symbolisiert die Erfrischung durch den Heiligen Geist, der ausgegossen werden sollte, nachdem Jesus verherrlicht worden war. Dass Jesus diese Worte über die Ausgießung des Heiligen Geistes während des Laubhüttenfestes ausspricht, ist bedeutsam. Er geht wie im Verborgenen zum Fest, spricht jetzt aber öffentlich diese Worte, vor dem ganzen Volk, als Weissagung, dass der Heilige Geist kommen wird. Innerhalb des AT besteht grundsätzlich ein Zusammenhang zwischen Wasser und dem Geist Gottes.[d] Jesus bestätigt die AT-Verheißungen, dass der Heilige Geist kommen wird.[e]

An Shemini Atzeret sagt Jesus, er sei das Licht der Welt.[f] Der Bibelabschnitt beginnt folgendermaßen: "Jesus redete nun wieder zu ihnen...." Dies schließt sich dem vorhergehenden Ausspruch Jesu über das lebendige Wasser an.[g] Wieder ist der Kontext des Laubhüttenfestes deutlich zu erkennen. Johannes 8,12 beschreibt, was auf die Prozession des Wasserschöpfens folgte.[222] Zum Zeichen dafür, dass Gott sein Angesicht über seinem Volk für die Befreiung und Hoffnung auf eine künftige Erlösung leuchten ließ, zündete man Lampen auf dem Tempelplatz an.[223] Auch der Talmud beschreibt ein ununterbrochenes Verfahren, angefangen beim Wasserschöpfen bis zum Anzünden der Lampen auf dem Tempelplatz.[224] Die Zeremonien des Wasserschöpfens und des Anzündens der Lampen werden mit dem Exodus und der Hoffnung auf einen zweiten

---

[a] Joh 9,7 [b] Jes 44,3 [c] Joh 7,37-39 [d] Jes 44,3; Joel 2,23; Ez 36,24-27 und Sach 13,1; [e] Joh 7,39 [f] Joh 8,12 [g] Joh 7,37-39

Exodus assoziiert. Wie die Schekina Gottes das Volk auf dem Weg ins verheißene Land beleuchtete, so ist das Licht ein Zeichen von Gott in Aktion.[225] Auch für den Ausspruch Jesu „Ich bin das Licht der Welt" bildet das Laubhüttenfest den Hintergrund. Dies geschah nicht in der Synagoge aus, sondern auf dem Tempelplatz während des Festes. Jeder konnte Zeuge davon sein. Wie das ganze Volk die Schekina Gottes sah und ihr folgte, so ist das ganze Volk Zeuge von Jesu Worten und kann ihm folgen.[226] Jesus stellt das Licht im Tempel wieder her.[227] Wie in Sprüchen steht 'Der Geist des Menschen ist eine Leuchte des Herrn',[a] so wird im AT Israel als diese Leuchte und im NT Jesus als diese Leuchte betrachtet. Das einzige Licht, das in der Offenbarung übrigbleibt, ist das Licht des Lammes.[b]

Die Symbolik der Lampen des Tempels kommt in Jesaja 2 und 9 vor. Bemerkenswert ist, dass sich Jesus darauf bezieht und sie verdeutlicht: "Ich bin das Licht der Welt; wer mir nachfolgt, wird nicht in der Finsternis wandeln, sondern das Licht des Lebens haben".[c] Als sichtbares Zeichen dafür, dass er wirklich das Licht der Welt ist, heilt Jesus zu Simchat Torah einen Blinden.[d] Jesus schickt den Blinden zum Teich Siloah, dem Gesandten. Letztlich ist Jesus selbst der Siloah, der Gesandte, der Gesalbte, der Messias.[228] Was Jesus während dieses Festes tat, ist ein Hinweis auf das, was er, prophetisch betrachtet, am Ende der Tage[e] tun wird, wenn wir mit der Erkenntnis Gottes erleuchtet werden. Das Fest ist das Zeichen der Erleuchtung, auf dass allen die Augen geöffnet und sie das Licht der Welt erblicken werden.

Auffällig ist, dass das Laubhüttenfest nicht nur tagsüber, sondern auch nachts gefeiert wurde.[229] Die großen Öllampen beleuchteten den Vorhof, der normalerweise nachts geschlossen war, zum Laubhüttenfest jedoch Tag und Nacht geöffnet blieb. Jesus tat seinen Ausspruch, dass er das Licht der Welt sei, zu einem Zeitpunkt, als die Lampen auf dem Tempelplatz nach dem letzten Vormittag des Festes gelöscht wurden. Jesus selbst bleibt das einzige Licht!

---

[a] Sprüche 20,27; [b] Offb 21,23; [c] Joh 8,12; [d] Joh 9; [e] Eph 1,17-18

Während der Zeremonie des Wasserschöpfens gießt der Priester Wasser und Wein vor dem Altar des Herrn aus. Als Jesus auf Golgota starb, kam aus seiner Seite Wasser und Blut (Wein) heraus.[a] Ist dies mit dem lebendigen Wasser zu vergleichen?[230] Das Wasserschöpfen versinnbildlicht das Trennen von Gut und Böse, wodurch Israel zu seinen ursprünglichen Wurzeln und die Welt zur ihrer ursprünglichen Form zurückkehrt (vergl. Gen 1,2). Zugleich mit dem Wasserschöpfen erklingt das Gebet, dass Gott die Erde heiligen wird. Die Rabbiner sehen eine Ähnlichkeit zwischen dem Wasserschöpfen und dem Wasser, dass bei Mose aus dem Felsen herauskam. Bekannt ist auch die Weissagung, dass ein Prophet wie Mose kommen wird,[b] der neues Wasser aus dem Felsen hervorbringen wird.[231] Das Wasserfest ist damit die zeitgebundene, vorübergehende Inspiration, der Heilige Geist jedoch die göttliche Inspiration als eine ständige Quelle der Weissagung.[232] Die letztendliche Weissagung spricht von dem Lamm, das sein Volk zu den Wasserquellen des Lebens leiten wird.[c] Damit hat das Laubhüttenfest eine prophetische Perspektive auf die Wiederkunft Christi.[233]

Am letzten Tag des Chanukka-Festes gibt es eine Lesung aus Ezechiel 37 über die Wiedervereinigung des Ephraim (Joseph) und des Juda als Wiederherstellung für Israel. Da ist es bemerkenswert, dass Jesus als Sohn des Joseph durch das Leben geht und gleichzeitig der Sohn des David ist.[234] Seine Ankunft geschah im Verborgenen, man hat ihn nicht als den Messias erkannt.
Wird seine Wiederkunft auch mit dem Laubhüttenfest zusammenhängen? Ist dieses Fest der Schlüssel zum Verständnis der Wiederkunft Christi?
Das Chanukka-Fest weist in jeder Hinsicht auf das Laubhüttenfest hin.[235]

---

[a] Joh 19,35 [b] Dtn 18,18 [c] Ps 23; Offb 7,17; 21,6

5.4 Die prophetische Bedeutung der Herbstfeste

Es wurde gezeigt, dass die Frühjahrsfeste eine Parallele zu den Herbstfesten haben und auf sie hinweisen. Sowohl die historische Einführung als auch die spätere Entwicklung der Feste haben diese Verwandtschaft noch verstärkt. In den Herbstfesten ist ein natürlicher Fortschritt zu erkennen.[236] Vom Tag der Posaunen aus - mit der Betonung auf Umkehr - geht es über den Versöhnungstag - mit der Betonung auf Versöhnung - zum Laubhüttenfest als *dem* großen Fest.[237] Das Laubhüttenfest dann ist seinem Aufbau nach auf den Schlusstag ausgerichtet, auf den Tag der Vollendung und der Erneuerung aller Feste.

Es ist jetzt zu untersuchen, welche prophetische Bedeutung dies für die künftige Erfüllung hat.

Die sieben Tage des Laubhüttenfestes dienen dazu, uns zu lehren, dass wir Fremde und Beisassen auf Erden sind, welche den neuen Himmel und die neue Erde, in denen Gerechtigkeit wohnt, herbeisehnen.[a] Der siebte Tag ist die Vollendung des Festes, der siebte Monat wiederum der Monat der Vollendung, dessen Ende auf den Anfang des Jahres hinweist. Dementsprechend ist das siebte Fest im siebten Monat ein Fest der Vollendung und ein Verweis auf die kommende Welt. Insofern bildet das Laubhüttenfest die Abrundung der Feste und einen Übergang zum Zeitalter des Messias.[238] Der achte Tag des Laubhüttenfestes gibt mit der Lesung des Endes und des Anfangs der Thora diese Erneuerung aller Feste an. Der Übergang zwischen dem siebten und dem achten Tag des Laubhüttenfestes ist also für die Zukunft bedeutungsvoll.

---

[a] Jes 9,6; 2 Petr 3,13

In den Thora-Lesungen ist eine Verwandtschaft zu erkennen zwischen dem Fest der ungesäuerten Brote und Sukkot. Der Text am ersten Tag des Festes der ungesäuerten Brote wird auch am ersten Tag von Sukkot gelesen.[a] Außerdem liest man am letzten Tag des Festes der ungesäuerten Brote denselben Text wie am letzten Tag von Sukkot.[b] Der achte Tag der Frühjahrsfeste, Atzeret des Passahs (Shawuoth), kann mit dem achten Tag von Sukkot, Shemini Atzeret, verglichen werden. Beide Tage bilden den achten Tag des Festes, beide haben sie eine heilige Versammlung und beide sind ein Höhepunkt. An beiden Tagen liest man Jesaja 12,3 „Und mit Freuden werdet ihr Wasser schöpfen aus den Quellen des Heils". Offenbar weist nicht nur das Fest der ungesäuerten Brote auf die Befreiung aus Ägypten hin, sondern auch das Sukkot-Fest.[c] Das Hallel-Gebet wird bei diesen Festen ausschließlich am ersten Tag des Passahs, an den acht Tagen des Sukkot- und an den acht Tagen des Chanukka-Festes gesprochen; nach dem Fall des zweiten Tempels dann auch zu Shawuoth, dem achten Tag des Passahs. [239]

Wie die Liturgie zeigt, besteht zwischen dem Sukkot- und dem Chanukka-Fest ebenfalls eine Parallele. Die Lesungen des Schlusses des Sukkot-Festes und des Chanukka-Festes sind dieselben, zu Sukkot findet sie am siebten Tag statt und zu Chanukka am achten. Am Hosha'ana Raba und am achten Tag des Chanukka-Festes wird Ezechiel 37 über die Wiederherstellung Israels gelesen. So hat Chanukka wohl einen Zusammenhang mit Sukkot, jedoch nicht mit Shemini Atzeret. Chanukka ist quasi das aufgeschobene Laubhüttenfest. Der Tag darauf, Shemini Atzeret, steht nicht im Zusammenhang mit diesem Fest und hat eine eigene Auslegung und Bedeutung.

---

[a] Lev 22,26-23,44   [b] 1 Kings 8:64   [c] Zechariah 14:6-9   [d] 1 Kings 8:66

Fest der ungesäuerten Brote	Sukkoth	Chanukka
7 Tage + 1 Tag (Shawuot)	7 Tage + 1 Tag (Shemini Atzeret)	8 Tage
1. Tag: Lev 22-23	1. Tag: Lev 22-23	
Hallel-Gebet	Hallel-Gebet	Hallel-Gebet
	Sabbat: Ex 33-34 + Ex 38-39	Gen 44,18-47:27
7. Tag: Ex 15	7. Tag: Ez 37 + Ps 118	
8. Tag: Jes 12	8. Tag: Dtn 33 + Gen 1 + Jes 12	8. dag: Ez 37

Zum Laubhüttenfest wird vor allem das Hallel-Gebet zitiert. Zu Hosha'ana Raba kann man nur noch beten: "Ach, Herr, hilf doch" aus Psalm 118,25. Dieser Psalm 118 ist ein messianischer Königspsalm ohnegleichen. Er befindet sich genau in der Mitte von Gottes Wort (AT +NT) und zwischen dem kürzesten und dem längsten Psalm. [240]

Seine Einteilung lautet:
V.   24 HaYom: Dies ist der Tag...
V.   25 Hosha'ana: Ach, Herr, gib doch Gelingen!
V.   26 Baruch Haba Bashem Adonai: *Das* Gebet um die Ankunft des Messias.
V.   27 Shemini Atzeret: Gottes Licht ist aufgegangen.

In der Liturgie zwischen Hosha'ana Raba und Shemini Atzeret gibt es eine Wendung. Zwischen dem 25. und dem 27. Vers stehen die prophetischen Worte 'Baruch Haba Bashem Adonai', "Gesegnet sei, der kommt im Namen des Herrn!" Zwischen dem siebten und achten Tag werden sie gesprochen. Damit ist ein Wendepunkt in der Liturgie erreicht. Kommt der Messias also zwischen dem siebten und achten

Tag? Ist dies der Tag der Vollendung, an dem gebetet wird: "Baruch Haba Bashem Adonai", "Gesegnet sei, der kommt im Namen des Herrn!" (Vers 26)?
Im 27. Vers kommt die Bestätigung:„Der Herr ist Gott. Er hat uns Licht gegeben. Bindet das Festopfer mit Stricken bis an die Hörner des Altars!" Damit wird die Aufmerksamkeit auf den Altar gerichtet. Der Messias wird sein Volk rund um den Altar sammeln, sodass der Dienst an Gott wiederhergestellt werden kann.[241] Wenn der Messias kommt, kann tatsächlich verkündet werden, dass Gottes Licht aufgegangen ist.

Zum Sukkot-Fest stehen vier Themen im Mittelpunkt: Regen, Ernte, Opfer und Freude. Der Regen ist der Segen für alles, was wächst, also für die Ernte.[a] Der Regen ist nicht nur ein Segen für Israel, sondern auch für alle Völker, die zum Fest hinaufgehen. Doch auch das Umgekehrte ist der Fall: 'Das wird die Plage sein, mit der der Herr die Nationen plagen wird, die nicht hinaufziehen werden, das Laubhüttenfest zu feiern'.[b] Dann wird kein Regen fallen. Der Segen wird nicht gegeben, wenn man die Feste des Herrn nicht einhält.[c] Dadurch, dass diejenigen, die Gott lieben, von denjenigen, die Gott nicht lieben, getrennt werden, fällt die Ernte ein Urteil.[d] Denen, die Gott lieben, gibt er vollkommene Freude.

Gott hat verheißen, das Volk während der Frühjahrs- und Herbsternte mit Getreide, Most und Öl zu segnen.[e] Getreide, Most und Öl sind Zeichen des Wortes Gottes, der Freude Gottes und der Salbung mit dem Heiligen Geist. Wie zu Passah und Shawuoth die Getreideernte mit Gerste und Weizen im Mittelpunkt steht, so steht zu Sukkot die Obsternte mit Trauben und Oliven im Mittelpunkt. Diese Obsternte findet am Ende des Jahres statt und weist auf die große endgültige Ernte aller Zeiten hin.[f] Jesus macht sich Sorgen um das Einbringen der späten Ernte vor seiner Wiederkunft.[g] Die zwei Ernten nach dem Früh- und Spätregen gleichen sich, für Gott sind sie jedoch

---

a Dtn 11,13-14; Jer 3,2-3; Sach 10,1; Hos 10,12 und Hos 6,3 b Sach 14,9 c Jes, 14-15
d Sach 10,1; Hos 6,3; Ps 65,9-10 e Dtn 11,14; Neh 5,10 f Mt 13,29-30; 36-43 g Mt 9,37;
Mk 4,29; Lk 10,2; Joh 4,35; Offb 14,15

verschieden. Es ist nämlich von einer Ernte der Gerechten und einer Ernte der Ungerechten die Rede.[a] Das Laubhüttenfest symbolisiert den Spätregen.[b] Im bekannten Joël 2 steht die Weissagung des Früh- und Spätregens im ersten Monat, wodurch die Getreide- und Obsternte zusammenfallen werden. Dann wird sich der Sämann dem Schnitter anschließen, usw. Der Bauer soll sich gedulden, bis Früh- und Spätregen gefallen sind, bevor er die Ernte einbringen kann.[c] Dies wird ein zukünftiges Werk Gottes sein.[d]

Auch die Torah spricht bereits über den Früh- und Spätregen, "damit du dein Getreide und deinen Most und dein Öl einsammelst".[e] Die Früh- und Spätregen sind das Zeichen des Bundes und Segens Gottes für alle, die die Feste Gottes einhalten. Prophetisch geht es beim Zusammenfallen von Früh- und den Spätregen um einen doppelten Aspekt von Gottes Segen.[f] Der Frühregen ist Symbol für die Frühernte im Reich Gottes, der Spätregen Symbol für die Späternte im Reich Gottes, die letztendliche Ernte Israels und der Völker. Weil einmal Früh- und Spätregen zum Laubhüttenfest zusammen fallen werden, wird es bei diesem Fest auch eine doppelte Ernte geben.

Findet das Bild bei der Tempelweihe darauf Anwendung, dass man nach dem ersten Fest ein zusätzliches Fest von sieben Tagen hatte? Das Laubhüttenfest des Salomo dauerte nämlich zweimal sieben Tage.[g] Ist dies ein Zeichen des Messias, dass er am Ende des Laubhüttenfestes ankommt und dass unmittelbar danach wiederum ein Fest als Beginn der messianischen Zeit gefeiert wird?[242] Ist es möglich, dass es nach der Vollendung dieser Welt mit der Ernte der Ungerechten ein zweites Fest für die Gerechten geben wird? Kommt der Messias, um dieses Fest zu feiern, das zu Shemini Atzeret anfängt?

Hier gilt eine Vision der Zukunft, bei der das Fest mit einem messianischen Mahl für alle Völker gefeiert wird und sie alle vor das Angesicht Gottes treten werden.[h] An jenem Tag wird auf den

---

[a] Mt 25,31-34; 2 Korr 5,10; Röm 5,1-2 [b] Joël 2,23-29 [c] Jak 5,7 [d] Röm 9,28
[e] Dtn 11,13-14 [f] Joël 2,21; Hos 10,12; Jak 5,7 [g] 1 Kön 8,65 [h] Jes 25,6

Schellen der Pferde geschrieben stehen: „Heilig dem Herrn", dasselbe auch auf der Stirn des Hohenpriesters. Sogar die Kochtöpfe im Haus des Herrn werden wie die Opferschalen vor dem Altar sein. Alle Gläubigen werden Leinenkleidern tragen als Zeichen ihres Priesterdienstes. Kein Kanaaniter im Haus des Herrn geduldet, sodass es dem Herrn der Heerscharen heilig sein wird.[a] Um dieses Ziel des Festes zu erreichen, nämlich die Heiligkeit Gottes, ist der Heilige Geist notwendig.[b] Die Verheißung des Heiligen Geistes in Johannes 7 ist zu Pfingsten erfüllt worden, als bei einer begrenzten Anzahl von 120 Juden die erste Ausgießung des Heiligen Geistes stattfand. Die zweite Ausgießung des Heiligen Geistes wird dann in den letzten Tagen über das ganze Volk Gottes kommen,[c] und zwar erst, wenn die Feste des Herrn gefeiert werden.[d] In Joël 2,24 heißt es, dass zuerst Früh- und Spätregen herabkommen werden; dann, in Vers 28, dass der Heilige Geist auf alles, was lebt, ausgegossen wird.

Bemerkenswert ist, dass Jesus zu Shemini Atzeret über den Heiligen Geist spricht, der zu Pfingsten (Shawuot) zum ersten Mal ausgegossen worden ist. In den letzten Tagen wird dies wieder geschehen, der Heilige Geist wird dann nochmal ausgegossen, ganz spezifisch auf Israel, wahrscheinlich zu Shemini Atzeret.

Genau wie das Erntefest wird auch das Laubhüttenfest mit einem Hochzeitsfest verglichen. Während des Festes erinnert man sich an die Wüste als an den Ort, an dem Gott mit seiner Braut, seinem geliebten Volk Israel, allein sein wollte.[e,243] Israel erhielt in der Wüste die Thora, die Belehrung Gottes. Diese 10 Gebote sind, wie oben beschrieben, mit einem Ehevertrag zu vergleichen. Zu Simchat Torah absorbiert Israel gleichsam die vollständige Thora nach der Lesung von Schluss und Beginn der fünf Bücher Mose. So ist dieser Tag zum endgültigen Hochzeitstag Gottes geworden, indem nämlich Israel die Thora, das Wort Gottes, heiratet.

---

[a] Sach 14,16; 20-21 [b] Jes 2,1-5; Hebre 13,15; 1 Tim 3,15; 1 Petr 2,5-10; Offb 19,6-14
[c] Joël 2, 28-30 [d] Hos 6,1-3; Sach 10,1; Joël 2,28-30 [e] Hos 2,14-23

Das alte Israel hat den alten Bund des Shawuot-Festes gebrochen.[a] Gott wird mit seinem Volk jedoch einen neuen Bund schließen.[b] Bemerkenswert ist, dass das erste Auftreten des erneuernden Wirkens Jesu auch während einer Hochzeit stattfand.[c]

Wird der neue Bund zu Shemini Atzeret geschlossen werden? Shemini Atzeret ist für Israel offensichtlich ein Wendepunkt in der Geschichte. Gilt dies auch für die Völker? Interessanterweise wird an diesem Tag aus Josua 1 gelesen: Eine Weissagung, die auf die Zukunft verweist, in der ein neuer Führer, ein Prophet wie Mose, das Volk ins verheißene Land führen wird. Schließlich wird Jesus selbst zu jenem Josua, um das Volk nach der Wiederherstellung aller Dinge in die Ruhe des Reiches Gottes zu bringen.[d] Diese Wiederherstellung umfasst die Vollendung und die Erneuerung aller Dinge, von denen Gott durch den Mund seiner heiligen Propheten von jeher geredet hat.[244] Shemini Atzeret ist das prophetische Bild dieser Erneuerung und Wiederherstellung vor dem Kommen des Messias. [e]

Das aufgeschobene Laubhüttenfest im Monats Kislew, nämlich das Chanukka-Fest, vermittelt bereits etwas von der künftigen Erfüllung. Es weist vor allem hin auf die verborgenen Zeichen und Wunder Gottes, 'Nes Nistar', die für ein vollständiges Bild des eigentlichen Laubhüttenfestes wichtig sein können.[245] Während Chanukka steht der Tempel mit der Erneuerung des Altars im Mittelpunkt. Darin bebt die Erwartung des Messias: "Und plötzlich kommt zu seinem Tempel der Herr"".[f, 246]
Das Chanukka-Fest verweist auf den siebten Tag des Sukkot-Festes und damit auf die Vollendung oder Wiederherstellung aller Dinge, sodass danach der Messias kommen kann.

Der jüdischen Tradition gemäß wurden zu den Festen insgesamt drei Kronen als Zeichen der Bestätigung und des Sieges gegeben:[247]

---

[a] Ex 19,5-6 [b] Jer 31,31 und Hebr 8,8-11 [c] Joh 2 [d] Hebr 4,8-11 [e] Apg 3,21
[f] Mal 3,1

80

die Königskrone, die Krone der Thora und die Krone des Priestertums. Die Königskrone gab es zu Passah, als Gott der König des Volks wurde, die Krone der Thora wurde zu Shawuoth und die Krone des Priestertums zum Sukkot-Fest gegeben, weil Aaron sieben Tage am Eingang der Stiftshütte warten musste, bevor er zum Hohenpriester gekrönt wurde. Zu Shemini Atzeret gibt es eine zusätzliche Krone: die Krone des guten Namens. Sie verweist auf die Offenbarung des guten Namens Gottes zu Shemini Atzeret. Sie verweist auch auf die guten Taten des Volkes Gottes hin, durch die der Name Israels unter den Völkern bekannt wird. Wie die Feste Passah, Shawuoth und Sukkot auf Abraham, Isaak und Jakob deuten, so deutet Shemini Atzeret auf Mose, David und den Messias. Dies ist der Advent des Friedensreiches. Am 22. Tag wird in der Liturgie Gottes Name offenbar, wie das auch in der kommenden Welt geschehen wird. Womöglich zu Shemini Atzeret? Dann fällt es nicht mehr schwer, den Auftrag dieses Tages zu erfüllen: "Und dann sollst du wirklich fröhlich sein".

Der jüdischen Liturgie gemäß werden zu Jom Kippur die Bücher zwar geöffnet, aber erst Sukkot wird dann das Fest des offenen Buches genannt.[b,248] Zu Jom Kippur wird die Reinigung des Menschen vor Gott vollzogen und das Urteilen Gottes nimmt ein Ende.[c,249] Der Vollzug von Gottes Urteil erfolgt jedoch nach Beendigung der Herbstfeste, also nach Hosha'ana Raba.[250] Hosha'ana Raba wird traditionell als die letzte Möglichkeit betrachtet, die Ordnungen für Jom Kippur einzulösen, sodass an diesem letzten Tag des Festes noch eine Umkehr möglich ist.[251] Er ist damit auch bekannt als der Tag des Gerichts.[252] Am achten Tag, am Schlusstag, wird das Urteil vollzogen und die Erneuerung kann beginnen. Damit ist der achte Tag der Tag des Vollzugs: 'HaYom'.

---

[a] Dtn 16,15 [b] Dtn 31,9-13; 16-30 [c] Sach 3,9

Gleichzeitig ist die Rede von einem neuen Beginn durch den Messias. Diese Umkehr finden wir in der Liturgie wieder. Zusammen mit der Zeremonie des Zerschlagens der Aravah, als Zeichen der Rettung, wird gebetet: "Unsere Seele wartet auf den Herrn."[a, 253] Dabei Psalm 126,5 mitgedacht: "Die mit Tränen säen, werden mit Jubel ernten". Dahinter steckt eine Vision der Zukunft. Wie die Aravah das Symbol der Propheten ist, dass man beim Strom am Wasser verweilen darf, so sprechen die Tränen von der immerwährenden Hoffnung auf Gott, der jede Träne abwischen wird.[b]

Beim jüdischen Laubhüttenfest hat alles mit der Ankunft des Messias zu tun.[254]

Schließlich erzählt uns das letzte Buch der Bibel etwas über das Heiligtum Gottes und das große Fest, das Laubhüttenfest.[255] Alles läuft darauf hinaus, dass Gott unter den Menschen wohnen wird. Davon zeigt die Struktur des Buches Offenbarung ein Bild:[256]

Offb 1 behandelt Christus als den Hohenpriester.
Offb 4 behandelt das Fest der Posaunen.
Offb 5 behandelt das Buch, das am Versöhnungstag geöffnet wird.
Offb 7 behandelt das Laubhüttenfest.
Offb 8 behandelt den Versöhnungstag.
Offb 11 behandelt den Hohenpriester, der das Allerheiligste betritt.
Offb 14 behandelt die Ernten: die Früh- und Späternte.
Offb 19 behandelt die Hochzeit des Lammes.
Offb 21 behandelt die Laubhütte Gottes, die zu den Menschen kommt.

Die Offenbarung spricht von der Bedeutung des großen Festes. Das Buch Offenbarung enthält ein Element, das erst in Zukunft im Laubhüttenfest erfüllt wird.[257] Prophetisch gesehen beginnt Gottes Urteil mit dem Auszug aus der Welt hin zu einem Ort, an dem Gott

---

[a] Ps 33,20 [b] Siehe: Offb 7,17; 21,4

den Menschen in Schutz nimmt, bis dass Gottes Zelt endgültig unter den Menschen sein wird (Offb 21).[258] Die Sukkah ist das Zeichen der wiederhergestellten Beziehung zwischen Gott und seinem Volk.[259] Sie enthält sowohl das Bild des verlorenen Paradieses als auch der kommenden Welt, 'Olam Haba'.[a,260] Damit hat das Fest eine sichtbare Zukunftsorientiertheit. Einmal wird Gott unter seinem Volk wohnen.[261]

Gott wacht über die Zeit. Er erfüllt sein Heilshandeln seinem Plan entsprechend zu bestimmter Zeit. So ist Jesus in die Fülle der Zeiten gekommen. Und die Jünger hatten zu warten, bis Shawuoth, Pfingsten, angebrochen war und Gott seinen Geist ausgoss. Die Jünger erwarteten, dass Gott bald handeln würde. Und Gott tat dies am Abschluss des Frühjahrsfestes.
Erwarten wir, wie die Jünger damals, dass Gott zur bestimmten Zeit, zu seinen Festtagen, zu seinen Herbstfesten handeln wird? Wird Gott wieder zum Abschluss der Herbstfeste handeln, indem er seinen Sohn als Messias und König senden wird?

---

[a] Sach 14, Offb 21

6

Die prophetische Bedeutung der Feste des Herrn

Unser Ausgangspunkt war, dass die Feste eine prophetische Dimension haben; dass Gott in der Geschichte handelt und selbst seine Feste eingeführt hat. Das bedeutet, dass die Offenbarung von Gottes Heilshandeln in der Zeit mit den Feiertagen zusammenhängt. Die wichtigste Bestätigung für diese prophetischen Dimension sind die Weissagungen aus Gottes Wort, die deutlich über das künftige Feiern der Feste sprechen.[a]

Um die prophetische Dimension der Feste zu verstehen, haben wir die Festkalender, die Thora-Lesungen und die Opfer untersucht. Die ganze Thora sollte alle sieben Jahre während des Laubhüttenfestes vorgelesen werden. Sie ist für dieses Fest richtungsweisend. Die Einteilung der Thora-Lesungen das Jahr hindurch ist dabei von untergeordneter Bedeutung. Es wurde deutlich, dass alle Feste auf das Laubhüttenfest als das große Fest hinweisen.

Die Zukunftsorientiertheit der Feste war in der frühen Kirche bekannt, sie wurde im Laufe der Geschichte jedoch in den Hintergrund gedrängt. Vor allem nach Augustinus hat man in der Kirche des Abendlandes eine lineare Zeitauffassung angenommen, d.h. man glaubte, dass das Reich Gottes bereits angebrochen sei. Damit erlischt aber jede Erwartung von Gottes Reich in der Zukunft.
Im Gegensatz zum griechischen Denken betont das biblische Denken vor allem die Gegenwart, mit einem Kreis darum in Richtung Vergangenheit und Zukunft. Sowohl das AT wie auch das NT gehen von diesem Muster aus. Diese Einteilung der Zeit gibt eine andere Perspektive auf die Feste. Beim Feiern erinnert man sich an Gottes frühere Taten und sehnt den zu erwartenden Messias herbei.

---

[a] Sach 14 und Offb 7,21

Obenstehende Einteilung und Struktur der Zeit vermitteln ein Konzept der Heilsgeschichte, als ein Herbeisehnen des großen Tages des Messias, bei dem das Fest mit dem Herrenmahl und der Hochzeit des Lammes gefeiert wird. Einmal werden alle Völker nach Jerusalem hinaufziehen, um das Laubhüttenfest zu feiern.[a] Für die Juden hat bei diesem Fest alles mit der Ankunft des Messias zu tun.[262]

Bei genauer Betrachtung wird eine Linie deutlich, die von den Frühjahrsfesten zu den Herbstfesten führt, und innerhalb der Herbstfeste führt wieder eine Linie zum Laubhüttenfest. Beim Laubhüttenfest steht der Abschlusstag im Brennpunkt.
Die Feste zeigen Parallelen in Bezug auf ihren Verweise:
♦ Das Passahfest verweist auf Gott den Sohn.
♦ Das Pfingstfest verweist auf Gott den Heiligen Geist.
♦ Das Laubhüttenfest verweist auf Gott den Vater.
♦ Shemini Atzeret verweist auf das Reich Gottes, indem der Name Gottes verkündet wird.
Dieser letzte Tag hat in der Heilsgeschichte Gottes eine Bedeutung in seiner Zukunftsorientiertheit auf die kommende Welt.[b]

Wie oben beschrieben, befindet sich in der Liturgie von Hosha'ana Raba und Shemini Atzeret eine Wendung. Zwischen dem siebten und achten Tag des Laubhüttenfestes kommt das prophetische Gebet aus Psalm 118,26, 'Baruch Haba Bashem Adonai', "Gesegnet sei er, der kommt im Namen des Herrn!" Dies kündigt Shemini Atzeret als einen wesentlichen Tag in der Heilsgeschichte an.

[a] Sach 14 [b] Tit 3,7

86

Shemini Atzeret hat eine besondere Bedeutung als:

♦ Abschluss und Erneuerung der Feste
♦ Abschluss und Erneuerung der Thora
♦ Erneuerung in der Offenbarung von Gottes Namen
♦ 'HaYom': Tag des Vollzugs aller Weissagungen
♦ Tag für die zweite Ausgießung des Heiligen Geistes
♦ Tag für die vollendete Wiederherstellung aller Dinge
♦ Tag für die Erneuerung des Altars
♦ Tag, an dem Gott jede Träne abwischen wird
♦ Tag für die Ankunft des Reiches Gottes

Die Auffassung von Shemini Atzeret entscheidet darüber, wie über die Eschatologie gedacht wird. Ist Shemini Atzeret ein Teil des Festes, so ist die Vollendung ein Bestandteil dieser Periode. Diese Auffassung hat in der Kirche des Abendlandes fortgewirkt, die die Heilsgeschichte in sieben Perioden einteilte, in denen alles zur Vollendung kommt. Steht Shemini Atzeret jedoch nicht im Zusammenhang mit dem Fest, so geschieht die Erneuerung nicht nach dieser Zeiteinteilung. Entsprechend der griechisch-orthodoxen Kirche wird die Zeit in sieben Perioden vervollständigt; es kommt jedoch noch eine zusätzliche achte Periode, bei der durch göttliches Einschreiten die Erneuerung erfolgt und der Messias kommt, um sein Friedensreich zu gründen.
Das Verständnis für den Unterschied zwischen dem siebten und dem achten Tag ist offensichtlich ausschlaggebend für die Auffassung von der Zukunft.
Es wird deutlich, dass Weissagung kein zeitloses Geschehen ist, sondern die Vollendung von Gottes Offenbarung in der Geschichte.[263]

Und wir? Sehnen wir Gottes letztendliche Erfüllung an seinen Festtagen herbei? Dann kann sein großes Fest beginnen.

Appendix

Festzyklus

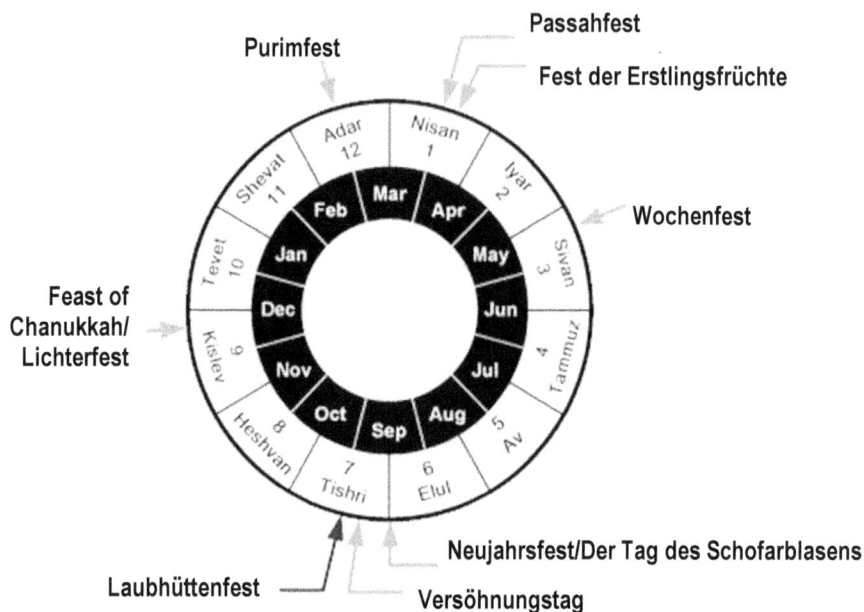

Purimfest

Passahfest

Fest der Erstlingsfrüchte

Wochenfest

Feast of Chanukkah/ Lichterfest

Neujahrsfest/Der Tag des Schofarblasens

Laubhüttenfest

Versöhnungstag

KALENDAR	
Christlicher Kalender Sonnenjahr	Jüdischer Kalender Mondjahr
etwa 365¼ Tage alle 4 Jahre ein Schaltjahr (29. Februar)	354 Tage (= 11¼ Tage weniger)

Religiöses jüdisches Jahr: Beginnt am 1. Tag des 1. Monats (Nisan)
Ziviles jüdisches Jahr: Beginnt am 1. Tag des 7. Monats (Tischri) mit dem jüdischen Neujahrsfest.

88

Die sieben biblischen Feste

Frühlingsfeste:
o Passahfest
o Fest der ungesäuerten Brote
o Fest der Erstlingsfrüchte
o Wochenfest

Herbstfeste:
o Neujahrsfest/Der Tag des Schofarblasens
o Versöhnungstag
o Laubhüttenfest

Frühlingsfeste

Passahfest	Fest der ungesäuerten Brote	Fest der Erstlingsfrüchte	Wochenfest
Jesus´ Tod	Jesus´ Begräbnis	Jesus´ Auferstehung	Heiliger Geist

Herbstfeste

Neujahrsfest/Der Tag des Schofarblasens	Versöhnungstag	Laubhüttenfest
		Jesus´ zweites Kommen

89

Die drei Hauptfeste

Passahfest	**Ostern**
Landwirtschaftlich: Fest der	Der Erstgeborene von den Toten
Erstlingsfrüchte	Beginn des neuen Lebens
(Gerste)	Freiheit von der Sklaverei des Todes
National: Auszug aus Ägypten	
Religiös: Befreiung von der Sklaverei	
Wochenfest	**Pfingsten**
Landwirtschaftlich: erste Früchte	Die erste Gemeinde
(Weizen)	Der Bund für die Nationen
National: Beginn Israels als Nation	Das Gesetz in den Herzen
Religiös: Thora wurde auf dem Sinai	
gegeben	
Laubhüttenfest	**Prophetisch**
Landwirtschaftlich: Letztes Einbringen	Die große Sammlung
der Früchte	
National: Einzug ins verheißene Land	Israel kommt zurück ins Land und zu
Religiös: Einweihung von Salomos	Gott
Tempel	Das Kommen des Messias

Vorschriften für die drei Hauptfeste (5. Mose 16,16-17)

◊   Vor den Herrn kommen

◊   Sich freuen vor dem Herrn

◊   Nicht mit leeren Händen kommen

Literaturverzeichnis

Alle Bibelzitate entstammen – wenn nicht ausdrücklich anders erwähnt - der Elberfelder Bibel, © 1985/1991/2006 R. Brockhaus Verlag, Wuppertal, Christliche Verlagsgesellschaft Dillenburg, 2. Auflage der Standardausgabe 2008 (TS Nr. 25) und der Neuen Jerusalemer Bibel, © 1985 Verlag Herder, Freiburg im Breisgau

Verzeichnis der Abkürzungen:
ICB : Internationaal Commentaar op de Bijbel, 2 dl., Kok/Averbode, Kampen, 2001
KV : Korte Verklaring, Kok, Kampen, 1950
TDNT: Theological Dictionary of the New Testament, 10 vols., G. Kittel en G. Fri
drich (ed.); trans. G.W. Bromiley, Eerdmans, Grand Rapids, 1964-76
WBC: Word Biblical Commentary, Word books, Waco, 1987

****

Aalders, W., *De Apocalyptische Christus*, volgens Tenach, Septuagint en Evangelie, Uitg.Groen, Heerenveen, 2001
Adler, L., *Die Bedeutung der jüdischen Festtage*, Verlag Fr. Reinhardt, Basel, z.j.
Aschkenasy, Y., Over de joodse feesten, in: *Tenachon*, B.Folkertsma Stichting voor Talmoe-dica, Boekencentrum, Zoetermeer, 1998-
Auerbach, E., Die Feste im Alten Israël, *Vetus Testamentum*, 8, 1958
Barnard, W.J., P.van't Riet, *Zonder Tora leest niemand wel*, Kok Kampen, 1986
Beasley-Murray, G.R., *John*, WBC, vol.36
Beek, A.v.d., *De kring om de Messias*, Meinema, Zoetermeer, 2002
Berkhof, L., *Principles of Biblical Interpretation*, Baker Book House, Grand Rapids, 1950
Berkouwer, G.C., *Dogmatische studiën*, Kok, Kampen, 1961, 2 dl.
Bloch, A.P., *The Biblical and Historical Background of Jewish customs and cere-monies*, KTAV Publ., New York, 1980
Boersma, e.a., *Aspecten van Tijd*, Kok, Kampen, 1991
Booker, R., *Jesus in the Feasts of Israël*, Destiny Image Publishers, Shippensburg, USA, 1987
Bouma, C., *Het evangelie naar Johannes*, KV, Kok, Kampen, 1950
Braun, M.A., *The Jewish Holy Days, their spiritual significance*, Aronson, London, 1996
Brewer, D.I., *Techniques and Assumptions in Jewish Exegesis before 70 CE*, Mohr, Tübing-en, 1992
Budd, P.J., *Numbers*, WBC, vol.5
Buksbazen, V., *The Gospel in the Feast of Israël*, CLC, fort Washington, Penn., 1954
Cole, A., *Exodus*, Tyndale OT commentaries, IVP, Leicester, 1973
Conner, K.J., *The Feasts of Israël*, Bible Temple Publishing, Portland, 1980
Conzelmann, H., *Grundriss der Theologie des Neuen Testaments*, Mohr, Tubingen, 5e verb. druk, 1992
Conzelmann, H. en A. Lindemann, *Arbeitsbuch zum Neuen Testament*, Mohr, Tübingen, 10e verb. druk, 1991

Cullmann, O., *Urchristentum und Gottesdienst*, Zurich, 1950

Daniélou, J., *Bijbel en liturgie: de bijbelse theologie van de sacramenten en de feesten volgens de kerkvaders*, de Brouwer, Brugge, (vert.), 1964

Daniélou, J., *Sacramentum Futuri, Studie over de wortels van de bijbels typologie*, Gooi & Sticht, Baarn, (vert.), 1993

DeVries, S.J., *1 Kings*, WBC, Vol. 12

Dupré, L., *De symboliek van het heilige*, Kok Agora, Kampen, 1991

Durham, J.I., *Exodus*, WBC, Vol.3

Eckstein, Y., *What Christians should know about Jews and Judaism*, Word Books, Texas, 1984

Ellis, E.E., *Uitleg van het Oude Testament in het Nieuwe Testament*, IBC, 2001

Encyclopedia Judaica, XIV, kol.557-572, Sabbat, Keter Publishing House, Jeruzalem, 1971/2

Epstein, I., *Geschiedenis van het Jodendom*, Spectrum, Utrecht, 1964

Erickson, M.J. *Christian Theology*, Baker Book House, Grand Rapids, Mi., 8e druk, 1991, (1983)

Fee, G., *Listening to the Spirit in the Text*, Eerdmans, Grand Rapids, 2000

Feinberg, J.E., *Walk Leviticus!*, Messianic Jewish Publishers, Baltimore, 2001

Fischer, J., *Siddoer, Messianic services for the festivals & holy days*, Menorah Ministries, Palm Harbor, 3e ed., 1992

Gaster, Th., *Festivals of the Jewish Year*, W.Morrow, New York, 1953

Gispen, W.H., Bijbelsche Archeologie, in: *Bijbelsch Handboek I*, Kok, Kampen, 1935

Gispen, W.H., *Exodus*, KV, Kok, Kampen, 1951

Glaser, M. en Z., *The Fall Feasts of Israël*, Moody Press, Chicago, 1987

Good, J., *Rosh Hashanah and the Messianic Kingdom to Come*, Hatikva Ministries, Nederland, TX, 1989

Goppelt, L., *Theologie des Neuen Testaments*, Vandenhoeck & Ruprecht, Göttingen, 1991, 3e druk

Goppelt, L., *Typos. Die typologische Deutung des Alten Testaments im Neuen*, Gütersloh, (1982), 1939

Goudoever, J.van, *Biblical Calendars*, Leiden, 1959

Graaff, F.de, *Anno Domini 1000, Anno Domini 2000*, Kok, Kampen, z.j.

Graaff, F.de, *Jezus de Verborgene*, Kok, Kampen, 1987

Grudem, W., *Systematic theology*, Zondervan, Grand Rapids, 1994

Guthrie, G.H., *The structure of Hebrews: a text-linguistic analysis*, Brill, Leiden, 1994

Hagner, D.A., *Matthew*, WBC, Dallas, 1995, vol.33b

Haran, M., The Passover Sacrifice, In: *Studies in the Religion of Ancient Israël,*. VTSup.23, 1972

Hartley, J.E., *Leviticus*, WBC, Vol.4

Hayes, J.H. en J.Maxwell Miller (red.), *Israëlite and Judaean History*, SCM Press, Londen, 1977

Heide, A.v.d. en E.v.Voolen, *The Amsterdam Mahzor*, Brill, Leiden, 1989

Henry, M., *Commentary on the whole Bible*, Zondervan, Grand Rapids, 1960

Jacobs, L., *A Jewish Theology*, London, 1973

Jenni, E. en C.Westermann, *Theologisches Handwörterbuch zum Alten Testament*, Kaiser, Gütersloh, 4e druk, 1984

Jitschak, S., *Siddoer*, vert. J.Dasberg, NIK, Amsterdam, 1986

Kasdan, B., *God's appointed times*, Lederer Books, Baltimore,1993

Keil, F. en F.Delitzsch, *Old Testament Commentaries*, Reprint, Ass.Publ., Grand Rapids, n.d.

Kittel, G. en G.Friedrich (ed.), *Theological Dictionary of the New Testament*, TDNT, trans. G.W.Bromiley, Eerdmans, Grand Rapids, 1964-76

Klappert, B., *Die Eschatologie des hebraërbriefs*, München, 1969

Knevel, A.G. (red.), Verkenningen in Exodus, in: *Bijbel en Exegese*, Kok, Kampen, 1986 (deel 2)

Knevel,A.G. (red.), Verkenningen in de oudtestamentische Messiasverwachting, in: *Bijbel en Exegese*, Kok, Kampen, 1995

Knobel, P.S., *Gates of the Seasons, a guide to the jewish year*, Central conference of american rabbis, New York, 1983

Kolatch, A.J., *The Jewish book of Why*, J.David Publ, New York, 1995 (1981)

Kolatch, A.J., *The second Jewish book of Why*, J.David Publ., New York, 1985

Kraus, H.J., *Worship in Israël: A Cultic History of the Old Testament*, Basil Blackwell, Oxford, 1966

Kuiper, H., *Met Israël het jaar rond*, Kok, Kampen, 1990

Kummel, W.G., *Einleitung in das Neue Testament*, Quelle & Meyer, Heidelberg, 21e verb.druk, 1983

Ladd, G.E., *The presence of the future*, Eerdmans, Grand Rapids, (rev.ed.), 1974

Landman, A., *Messias-interpretaties in de Targumim*, Kok, Kampen, 1986

Lapide, P., *Het leerhuis van de hoop*, Ten Have, Baarn, 1986

Lapide, P., *Hij leerde in hun synagogen: een joodse uitleg van de evangeliën*, Ten Have, Baarn, 1983 (1980)

Lapide, P. en Luz, U., *Jezus de jood*, Kok Agora, Kampen, 1985 (1979)

Levoratti, A.J., *De interpretatie van de Bijbel*, IBC, 2001

Lincoln, A.T., *Ephesians*, WBC, Vol.42

Longenecker, R.N., *Biblical exegesis in the Apostolic period*, Paternoster Press, Carlisle, UK, 1995

Maccoby, H., *Early Rabbinic Writings*, Cambridge Univ.Press, Cambridge, 1988

Maier, J., *Geschichte der Judischen Religion*, Herder, Berlin, 1992 (1972)

Mayhue, R.L., The prophet's watchword: Day of the Lord, in: *Grace Theological Journal* 6.2 (1985) 231-246

Moltmann, J., *Theologie der Hoffnung*, Kaiser Verlag, München, 1964

Monshouwer, D. en Vreekamp, H., *Zacharja, een profeet om te gedenken* (van Loofhutten naar Pasen), Boekencentrum, Zoetermeer, 1994

Monshouwer, D. en Hofstra, D.E., *Exodus, bevrijding door de Naam*, (Pesach en Pasen), Boekencentrum, Zoetermeer, 1995

Mishna, *Seder Mo'ed*, ed. S.Hammelbrug, Amsterdam, 1939-77

Mishna, *Sukkah*, ed. S.Hammelbrug, Amsterdam, 1939-77

Neusner, J., *What is Midrash?*, Philadelphia (PA), 1983

Nolland, J., *Luke*, WBC, vol.35c

Noordegraaf, A., *Leesbril of toverstaf, over het verstaan en vertolken van de Bijbel*, Kok Voorhoeve, Kampen, 1991

Noordmans, O., *Augustinus*, Bohn, Haarlem, 1952, 2e druk

Noordtzij, A., *Ezechiël*, KV, Kok, Kampen, 1932

Noth, M., Die Vergegenwartigung des Alten Testaments in der Verkundigung, in: *Evangelische Theologie*, 1952/3

Oegema, G.S., *De Messias in talmoed en midrasj*, Ten Have, Baarn, 1993

O'Higgens, P. and N., *Good news in Israël's Feasts*, Reconciliation Outreach, Stuart, Florida, USA, 2003

Oort, J.van, *Augustinus, facetten vanleven en werk*, Kok, Kampen, 1989

Oort, J.van, *Jeruzalem en Babylon*, 1987, 3e druk, Boekencentrum, Den Haag

Ouweneel, W.J., *Hoogtijden voor Hem, de bijbelse feesten en hun betekenis voor Joden en christenen*, Medema, Vaassen, 2001

Pawson, D., *When Jesus Returns*, Hodder & Stoughton, Londen, 1995 (2001)

Pentecost, J.D., *Things to come, a study in biblical eschatology*, Zondervan, Grand Rapids, 1964, (1958)

Petuchowski, J.J., in: *Vetus Testamentum 5*, 1955

Petuchowski, J.J., *Van Pesach tot Chanoeka: de wereld van de joodse feesten en gebruiken*, Ten Have, Baarn, 1986

Poot, H., *Jozef, een messiaanse geschiedenis*, Novapres, 1998

Poll, E.v.d., *De feesten van Israël*, Shalom Books, Putten, 1997

Pop, F.J., *Bijbelse woorden en hun geheim*, Boekencentrum, Den Haag, 1964

Reiling, J., *Het Woord van God, over Schriftgezag en Schriftuitleg*, Kok, Kampen, 1987

Ridderbos, H.N., *Mattheüs*, KV, Kok, Kampen, 1952 (2e druk)

Ridderbos, H.N., *Paulus, ontwerp van zijn theologie*, Kok, Kampen, 1971, 2e druk

Riet, P.van 't, *De invloed van het Jodendom op de westeuropese cultuur*, Stichting Judaica Zwolle, Zwolle, 1992

Robertson, A.T., *A Harmony of the Gospels*, Harper and Row, New York, 1922

Roukema, R., *Het gebruik en de uitleg van de Bijbel in de eerste eeuwen van het christendom*, IBC, 2001

Ruler, A.A.van, *Over de Psalmen*, Callenbach, Nijkerk, 1983 (2e druk)

Ruler, A.A.van, *Marcus*, Kok, Kampen, 1972

Runia, K., *Van feest tot feest steeds voort*, CeGeBoek, 1999

Sacks, S., *Hebrews through a Hebrew's eyes*, Lederer Messianic Publ., Baltimore, 1995

Scarlata, R. en Pierce, L., *A family guide to the Biblical Holidays*, Christian Press, Madison, 1997

Schauss, H., *The Jewish festivals*, Pantheon Books, N.Y., 1996 (1938)

Scholem, G.G., *Major trends in Jewish mysticism*, Schocken Books, New York, 1974 (1946)

Siebesma, P.A., *Tussen Jodendom en Christendom*, Kok Voorhoeve, Kampen, 1996

Schnackenburg, R., Die Kirche als Bau: Epheser 2:19-22 unter ökumenischem Aspekt. In: *Paul and Paulinism*, ed. M.D.Hooker en S.G.Wilson, London, S.P.C.K., 1982

Shachar, I., *The Jewish Year*, Brill, Leiden, 1975

Siertsema, B., (ed.), *Visioen en Visie, het boek Openbaring – uitleg en viering*, Kok, Kampen, 1999

Smith, R.L., *Micah-Malachi*, WBC, vol.34

Soetendorp, J., *Symboliek der Joodse Religie*, BZZTOH, Den Haag, 1990 (1958)

Soggin, J.A., *An introduction to the History of Israël and Judah*, SCM Press, Londen, 1993, (vert. J.Bowden)

Stern, D.H., *Jewish New Testament Commentary*, JNT Publ., Clarksville, 4ᵉ druk, 1995

Stern, Y., *The Three Festivals, ideas and insights of the Sfas Emes on Pesach, Shavuos and Succos*, Mesorah Publ, New York, 1993

Stock, *Handboek voor de Bijbelse Geschiedenis*, Voorhoeve, Den Haag, 7ᵉ druk

Strack, H.L. en Billerbeck. P., *Kommentar zum Neuen Testament aus Talmoed und Midrasch*, Beck, Munchen, Bd.2, 1978 (1922-28)

Thieberger, Fr., *Jüdisches Fest, jüdischer Brauch*, Athenäum Verlag, Königstein, 3ᵉ druk, 1985, (1937)

Thiessen, H.C., *Lectures in systematic theology*, (revised by V.D.doerksen), Eerdmans, Grand Rapids, 1997, (1949)

Teeffelen, P.J.M.van, *De moderne dagen van Noach*, Chr.uitg.Initiaal, Den Haag, 1998

Urbach, E.E., *the Sages, their concepts and beliefs*, Harvard Un.Press, Cambridge, Mass., vert. J.Abrahams, 1987

Vanistein Yaakov, Y., *the Cycle of the Jewish year*, Jerusalem, s.a.

Vaux, R.de, *Hoe het oude Israël leefde*, Boekencentrum, Den Haag, 1986 (1973)

Voolen, E.van, *Joodse feestdagen*, Kok, Kampen, 1987 (5ᵉ druk)

Vorst, I., e.a., *Badèrech, op weg naar praktisch Joods leven*, NIK, Amsterdam, 1990

Vries, S.Ph. de, *Joodse riten en symbolen*, de Arbeiderspers, Amsterdam, 1996, (1968)

Vriezen, Th.C., *Hoofdlijnen der theologie van het Oude Testament*, Veenman, Wageningen, 1987 (6ᵉ druk)

Vriezen, Th.C. en A.S. van der Woude, *Literatuur van Oud-Israël*, Servire, Katwijk aan Zee, 1989 (9ᵉ druk)

Waaijman, K., *Psalmen, bij ziekte en genezing*, Kok, Kampen, 1981 (2ᵉ druk)

Waaijman, K., *Psalmen, om het uitroepen van de Naam*, Kok, Kampen, 1991

Watts, J.D.W., *Isaiah*, WBC, vol.24, 25

Wenham, G., *Genesis*, WBC, vol.1

Willems, G.F., *Jezus en de Chassidim van zijn dagen, een godsdiensthistorische ontdekking*, Ten Have, Baarn, 1996

Williamson, H.G.M., *Ezra, Nehemiah*, WBC, vol.16

Yee, G.A., *Jewish Feasts and the Gospel of John*, M.Glazier, Wilmington, Delaware, 1989

Woude, A.S.van der, *De prediking van het oude testament, Habakuk en Zefanja*, Callenbach, Nijkerk, 1978

Zuidema, W., *Gods partner; ontmoeting met het jodendom*, Ten Have, Baarn, 1988, (1977)

NOTES

1   W.J.Barnard, P.van't Riet, 1986, 103
2   J.H.Hayes, J.Maxwell Miller, 1977, 210
3   J.Daniélou, 1993, 152
4   M.J.Erickson, 1991, 1149; W.Grudem, 1994, 1091; H.C.Thiessen, 1997, 337; J. Moltmann, 1964, 210; J.D.Pentecost, 1964, 512
5   J.Reiling, 1987, 16
6   A.Noordegraaf, 1991, 26
7   J.Reiling, 1987, 25
8   J.Daniélou, 1964, 11
9   J.Reiling, 1987, 38
10 id., 150
11 id., 33, 36
12 J.D.Pentecost, 1964, 47
13 id., 1987, 43
14 A.Noordegraaf, 1991, 15
15 J.Reiling, 1987, 42, G.E.Ladd, 1974, 324
16 G.E.Ladd, 1974, 320
17 W.Aalders, 2001, 138
18 id., 151
19 J.Reiling, 1987, 112
20 F.de Graaff, z.j., 145
21 A.J.Levoratti, IBC, 60
22 id., 41
23 W.J.Barnard, P.van't Riet, 1986, 174
24 J.D.Pentecost, 1964, 50
25 A.J.Levoratti, IBC, 57
26 L.Goppelt, 1982, 17-18
27 id., 58
28 J.Reiling, 1987, 423
29 id., 194-205
30 E.Ladd, 1974, 114
31 E.E.Ellis, IBC, 90
32 A.Noordegraaf, 1991, 14
33 J.Reiling, 1987, 42, J.D.Pentecost, 1964, 133
34 J.D. Pentecost, 1964, 60-64; L.Berkhof, 1950, 113f
35 G.E.Ladd, 1974, 322
36 W.J.Barnard, P.van't Riet, 1986, 103
37 G.E.Ladd, 1974, 111, 120
38 E.E.Ellis, IBC, 89
39 G.E.Ladd, 1974, 64
40 F. de Graaff, 1987, 302
41 W.J.Barnard, P.van't Riet, 1986, 119
42 D.I.Brewer, 1992
43 W.J.Barnard, P.van't Riet, 1986, 174
44 A.J.Levarotti, IBC, 58
45 J.Daniélou, 1964, 476, A.J.Levarotti, ICB, 57
46 W.J.Barnard, P.van't Riet, 1986, 94
47 J.van Oort, 1989, 48
48 V.Buksbazen, 1954, 26
49 J.Daniélou, 1964, 12
50 W.J.Barnard, P.van't Riet, 1986, 99, J.Levoratti, ICB, 57
51 O.Cullmann, 1950, 114
52 J.Daniélou, 1964, 29
53 A.Noordegraaf, 1991, 54
54 W.J.Barnard, P.van't Riet, 1986, 102, E.E.Ellis, ICB, 87
55 R.Roukema, IBC, 104
56 J.D. Pentecost, 1964, 22
57 R.Roukema, IBC, 109-110
58 G.E.Ladd, 1974, 243
59 R.N.Longenecker, 1995
60 G.H.Guthrie, 1994, B.Klappert, 1969
61 J.Daniélou, 1964, 16
62 id., 27
63 O.Noordmans, 1952, 18; G.E.Ladd, 1974, 64
64 No English translation found of it.
65 J.van Oort, 1987, 156, 230
66 id., 202
67 W.Zuidema, 1992, 85
68 G.E.Ladd, 1974, 64
69 A.J.Levarotti, ICB, 89
70 W.Zuidema, 1992, 86
71 A.J.Levarotti, IBC, 90
72 J.H.Hayes, J.Maxwell Miller, 1977, 210
73 H.Ridderbos, 1971, 33
74 E.E.Ellis, IBC, 90
75 W.Zuidema, 1992, 87
76 A.J.Levarotti, IBC, 43
77 B.Kasdan, 1993, 2
78 J.Daniélou, 1964, 334
79 B.Kasdan, 1993, 9
80 J.Daniélou, 1964, 314
81 E.v.d. Poll, 1997, 13
82 W.J.Ouweneel, 2001, 14, 23
83 J.I.Durham, 1987, 333

84   G.A.Yee, 1989, 70
85   W.H.Gispen, 1951, 125
86   id., 130
87   J.E.Hartley, 1992, 372
88   R.de Vaux, 1986, 414
89   P.J.Budd, 1984, 314
90   G.A.Yee, 1989, 70
91   J.E.Hartley, 1992, 376
92   Th.C.Vriezen, A.S.van der Woude, 1989, 192
93   R. de Vaux, 1986, 414
94   R. de Vaux, 1986, 410
95   Talmoed, Mechilta Pischa, 2
96   A.Cole, 1973, 104
97   W.J.Ouweneel, in: A.G.Knevel, 1986, 125
98   P.J.Budd, 1984, 316
99   A.Noordtzij, 1932, 468v
100 R.de Vaux, 1986, 406
101 H.J.Kraus, 1966, 46-48
102 A.Cole, 1973, 179
103 W.J.Ouweneel, 2001, 23
104 M.Haran, 1972, 290
105 E.Auerbach, 1958, 16-17
106 H.J.Kraus, 1966, 59
107 G..A.Yee, 1989, 70
108 W.J.Ouweneel, in: A.G.Knevel, 1986, 128
109 J.D.W.Watts, 1985, 20
110 M.Henry, 1961, 828
111 W.J.Barnard, P. van't Riet, 1986,54
112 Apion 2:175
113 Mishnah, Meg.3, 4-6
114 Bab.Talmoed, Meg.29b
115 Enc. Judaica, 1971/2, 1248
116 id., 1249v
117 Yad, Tefillah 13:1
118 Bab.Talmoed, Meg.4:1-2
119 K.J.Conner, 1980, 78
120 G.R.Beasley-Murray, WBC, vol.36, xci
121 W.J.Barnard, P.van't Riet, 1986, 69
122 R.Scarlata, L.Pierce, 1997, 125
123 F.de Graaff, 1987, 32
124 W.J.Barnard, P.van't Riet, 1986, 119
125 D.E.Hofstra, D.Monshouwer, 1995, 49
126 Voor de term 'Zoon des mensen', zie L.Goppelt, 1991, 235v.
127 D.E.Hofstra, D.Monshouwer, 1995, 50
128 D.A.Hagner, 1995, 768

129 J.Nolland, 1993, 1045
130 C.Bouma, 1950, 81
131 D.E.Hofstra, D.Monshouwer, 1995, 59
132 W.J.Ouweneel, in: A.G.Knevel, 1995, 101
133 D.A.Hagner, 1995, 774
134 J.Daniélou, 1964, 383
135 D.A.Hagner, 1995, 764
136 D.H.Stern, 1995, 485
137 W.J.Ouweneel, in: A.G.Knevel, 1986, 121
138 E.Jenni en C.Westermann, 1984, 284v
139 B.Kasdan, 1993, 52
140 W.H.Gispen, 1935, 292
141 A.J.Kolatch, 1995, 214
142 Talmoed, Pesachim 68b
143 F.de Graaff, 1987, 32
144 A.J.Kolatch, 1995, 217
145 M.A.Braun, 1996, 345; W.J.Ouweneel, 2001, 76
146 D.E.Hofstra en D.Monshouwer, 1995, 82
147 J. Daniélou, 1964, 462
148 J.E.Feinberg, 2001, 52
149 M.A.Braun, 1996, 17
150 K.J.Conner, 1980, 48
151 M.A.Braun, 1996, 28
152 A.J.Kolatch, 1995, 238
153 R. Scarlata en L.Pierce, 1997, 295
154 P.J.Budd, 1984, 140v
155 Mishnah, Yoma, 13
156 Talmoed, Rosh Hashanah, 18a
157 R.Scarlata en L.Pierce, 1997, 321
158 id., 322.
159 K.J.Conner, 1980, 77
160 A.J.Kolatch, 1995, 244
161 F.J.Pop, 1964, 498
162 Mishnah, Yoma, 67a
163 id, 39a
164 Talmoed, Rosh hashanah 1:3
165 R.Scarlata en L.Pierce, 1997, 326
166 K.J.Conner, 1980, 78
167 A.J.Kolatch, 1995, 255
168 S.Sacks, 1995, 65v
169 Enc. Judaica, 1971/2, 1443v
170 J.I.Durham, 1987, 333
171 P.J.Budd, 1984, 348v
172 A.J.Kolatch, 1995, 246
173 Talmoed, Bava Basra, 75a
174 Talmoed, Yoma, 86a

175   S.J.DeVries, 1985, 123
176   W.J.Ouweneel, 2001, 73
177   M.en Z.Glaser, 1987, 182
178   K.J.Conner, 1980, 71
179   V.Buksbazen, 1954, 49
180   Talmoed, Sukkah, 55b
181   R.L.Smith, 1984, 317
182   K.J.Conner, 1980, 71 en Talmoed, Megil-
       ta,31a
183   Y.Eckstein, 1984, 112; B.Kasdan, 1993, 101
184   K.J.Conner, 1980, 84
185   R.L.Smith, 1984, 156
186   W.Zuidema, 1988, 143
187   K.J.Conner, 1980, 83
188   A.Noordtzij, 1932, 472
189   A.J.Kolatch, 1995, 250
190   H.G.M.Williamson, 1985, 293v
191   M.A.Braun, 1996, 108
192   M.en Z.Glaser, 1987, 193
193   A.J.Kolatch, 1995, 248
194   Mishnah, Sukkah 3.3-9
195   id., 51a
196   Babylonische Talmud, Succah 50a
197   Mishnah, Rosh HaShanah, 16a
198   Mishnah, Sukkah 5,1
199   id, 5.2-4
200   W.J.Ouweneel, 2001, 181
201   J.Daniélou, 1964, 369
202   D.Pawson, 1995, 65
203   A.J.Kolatch, 1985, 252
204   W.Aalders, 2001, 151
205   A.Cole, 1973, 23
206   Shabbat, 133b
207   F.Keil en F.Delitzsch, 720, T.Gaster, 1953,
       98
208   A.J.Kolatch, 1995, 256
209   Mishnah, Sukkah, 55b
210   G.A.Yee, 1989, 76
211   A.P.Bloch, 1980, 188
212   Talmoed, Taanis, 2a
213   M.A.Braun, 1996, 133
214   J.J.Petuchowski, VT, 5, 1955, 266-71
215   J.Shachar, 1975, 11
216   A.P.Bloch, 1980,207
217   A.J.Kolatch, 1995, 257; M.A.Braun, 1996,
       130
218   Talmoed, Megilla 31a.

219   M.A.Braun, 1996, 137
220   A.P.Bloch, 1980, 208
221   J.Shachar, 1975,11
222   B.Kasdan, 1993, 98
223   Mishnah, Sukkah, 55b
224   J.Feinberg, 2001, 54
225   id., 54
226   J.Daniélou, 1964, 369
227   id., 388
228   J.Daniélou, 1964, 397
229   id., 389
230   id., 377
231   id., 316
232   J.Good, 1989, 161
233   B.Kasdan, 1993, 96
234   A.T.Robertson, 1922, 267
235   R.Scarlata en L.Pierce, 1997, 353
236   E.v.d.Poll, 1997, 162
237   B.Kasdan, 1993, 103
238   K.J.Conner, 1980, 71
239   J.Daniélou, 1964, 480
240   id., 481
241   F. de Graaff, 1987, 305
242   G.R.Beasley-Murray, 1987, 113
243   D.Pawson, 1995, 65
244   D.H.Stern, 1995, 181
245   G.R.Beasley-Murray, 1987, 127
246   Talmoed, Sukkah 5:1
247   H.Conzelmann, in: TDNT 9:320
248   G.R.Beasley-Murray, 1987, 128
249   G.A.Yee, 82
250   K.J.Conner,1980, 88
251   G.F.Willems, 1996, 91
252   G.A.Yee, 80
253   Talmoed, Eccl.Rab.1:9
254   Talmoed, Jerushalmi Sukkah   9a ;Y.Stern,
       1993, 437
255   J.Daniélou, 1964, 491
256   Y.Eckstein, 1984, 137
257   Antiquities XII.7,7
258   Talmoed, Shabbat 21b
259   A.J.Kolatch, 1995, 264
260   G.Wenham, 1994, 389
261   Midrash, Tanchuma 44:18v
262   Zie voor de Messiassen in de rabbijnse tradi-
       tie, G.Oegema, 1993 en A.Landman, 1986
263   F.de Graaff, 1987, 118

"Werdet ihr nun meine Gebote hören, die ich euch gebiete,
daß ihr den HERRN, euren Gott, liebet und ihm dienet von
ganzem Herzen und von ganzer Seele,
so will ich eurem Land Regen geben zu seiner Zeit,
Frühregen und Spätregen, daß du einsammelst dein Getreide,
deinen Most und dein Öl."
5 Mose 11, 13-14

www.ingramcontent.com/pod-product-compliance
Lightning Source LLC
LaVergne TN
LVHW021409080426
835508LV00020B/2528